Stabilisierungspolitik bei supranationaler Geldpolitik
und nationaler Fiskalpolitik

Hohenheimer Volkswirtschaftliche Schriften

Herausgegeben von
Prof. Dr. Michael Ahlheim, Prof. Dr. Ansgar Belke,
Prof. Dr. Rolf Caesar, Prof. Dr. Harald Hagemann, Prof. Dr. Klaus Herdzina,
Prof. Dr. Walter Piesch, Prof. Dr. Ingo Schmidt, Prof. Dr. Ulrich Schwalbe,
Prof. Dr. Peter Spahn, Prof. Dr. Gerhard Wagenhals,
Prof. Dr. Helmut Walter

Band 47

PETER LANG
Frankfurt am Main · Berlin · Bern · Bruxelles · New York · Oxford · Wien

Udo Vullhorst

Stabilisierungspolitik bei supranationaler Geldpolitik und nationaler Fiskalpolitik

Eine spieltheoretische Betrachtung

PETER LANG
Frankfurt am Main · Berlin · Bern · Bruxelles · New York · Oxford · Wien

Bibliografische Information Der Deutschen Bibliothek
Die Deutsche Bibliothek verzeichnet diese Publikation in der Deutschen Nationalbibliografie; detaillierte bibliografische Daten sind im Internet über <http://dnb.ddb.de> abrufbar.

Zugl.: Hohenheim, Univ., Diss., 2004

D 100
ISSN 0721-3085
ISBN 3-631-52595-8

www.peterlang.de

Vorbemerkung

Die vorliegende Arbeit wurde von der Fakultät Wirtschafts- und Sozialwissenschaften der Universität Hohenheim im Februar 2004 als Dissertation angenommen. Mein herzlicher Dank gilt Prof. Dr. Heinz-Peter Spahn für die fachliche Betreuung und wertvolle Hinweise. Weiterhin danke ich Prof. Dr. Harald Hagemann für die Übernahme des Zweitgutachtens.

Zu danken habe ich ferner Dr. Georg Zimmermann (Fußnote 77), Dr. Georg Ziemes für anregende Diskussionen sowie Dr. Peter Kühnl für die kritische Durchsicht einzelner Manuskriptteile.

Meine Eltern haben durch materielle und immaterielle Unterstützung sehr zum Gelingen der Promotion beigetragen. Meine Frau Johanna wurde nicht müde, mich in meinem Vorhaben zu ermuntern; meine Tochter Anna-Maria leistete ebenfalls ihren Beitrag, indem sie manche Stunde auf den Vater verzichten musste.

Sollte in dieser Arbeit eine Seite nicht zu beanstanden sein, ist dies das Verdienst der Vorgenannten.

Mit Unterstützung der
Stiftung
Landesbank Baden-Württemberg
LB≡BW

Schließlich gilt mein Dank der Stiftung Landesbank Baden-Württemberg, die die Veröffentlichung der Dissertation großzügig gefördert hat.

Göppingen, im März 2004

Udo Vullhorst

Inhaltsverzeichnis

1. Geldpolitische Integration unter fiskalpolitischen Gesichtspunkten

1.1 Die konjunkturpolitische Rolle der Fiskalpolitik in der Europäischen Wirtschafts- und Währungsunion

> "*When a country joins a monetary union, forgoing the use of monetary and exchange rate policies to stabilize its national economy, the independent use of fiscal policy becomes more attractive, despite the political obstacles to fiscal flexibility.*"[1]

Eines der Ziele – und das an erster Stelle genannte –, das sich die Staaten der im Werden begriffenen Europäischen Union gesetzt hatten, war und ist „die Förderung des sozialen Fortschritts und eines hohen Beschäftigungsniveaus sowie die Herbeiführung einer ausgewogenen und nachhaltigen Entwicklung, insbesondere durch Schaffung eines Raumes ohne Binnengrenzen, durch Stärkung des wirtschaftlichen und sozialen Zusammenhaltes und durch Errichtung einer Wirtschafts- und Währungsunion, die auf längere Sicht auch eine einheitliche Währung nach Maßgabe dieses Vertrages umfasst". So heißt es in Art. 2 des im Dezember 1991 vom Europäischen Rat verabschiedeten und am 7.2.1992 von den Staats- und Regierungschefs der Mitgliedsstaaten der Europäischen Gemeinschaften in Maastricht unterzeichneten Vertrages über die Gründung der Europäischen Union, wie die offizielle Bezeichnung des Maastricht-Vertrages lautet. Gemäß der sich im Vertragstext widerspiegelnden Ansicht der Vertragspartner erscheint die mit Beginn der Einführung der Gemeinschaftswährung am 1.1.1999 vollendete Währungsordnung eher als andere geeignet, zur Verwirklichung des zitierten Ziels beizutragen.

Der politische Wille der Mitgliedsländer der Europäischen Gemeinschaft zur Bildung einer Wirtschafts- und Währungsunion manifestierte sich bereits anlässlich des Treffens der Staats- und Regierungschefs in Den Haag 1969, wo vereinbart wurde, einen Plan zu erarbeiten, in dem die Voraussetzungen dieses Vorhabens und ein Stufenplan hin zu diesem Ziel konkretisiert wurden. Dieser als Werner-Plan bezeichnete Bericht wurde im März 1971 von den EG-Staaten gebilligt, jedoch nicht umgesetzt.[2] Nachdem im Laufe der Zeit das Ziel einer Europäischen Wirtschafts- und Währungsunion mit unterschiedlicher Intensität verfolgt wurde, bestätigte der Europäische Rat[3] im Juni 1989 dieses Ziel erneut

---

[1] Kenen (1995, S. 81).

[2] Das Kommuniqué der Konferenz der Staats- und Regierungschefs der EWG-Mitgliedsstaaten in Den Haag am 1. und 2.12.1969 sowie der Werner-Report sind abgedruckt in: Krägenau/Wetter (1993, S. 97 – 106). Vgl. auch Ingram (1973).

[3] Unter dem Europäischen Rat versteht man die Zusammenkunft der Staats- und Regierungschefs der Europäischen Union und des Präsidenten der Kommission. Hiervon zu unterscheiden ist der Europarat, dem mittlerweile 40 Staaten angehören und der sich gemäß seiner Satzung der Zusammenarbeit seiner Mitgliedsstaaten auf der Grundlage von Menschenrechten und Demokratie zur Förderung des wirtschaftlichen und sozialen Fortschritts verschrieben hat.

und gab eine Studie in Auftrag, die konkrete Schritte hin zu einer Wirtschafts- und Währungsunion untersuchen und vorschlagen sollte. Die Ergebnisse der mit dieser Arbeit betrauten Kommission wurden in einem Bericht zusammengefasst, der nach dem Vorsitzenden benannt und als Delors-Report bekannt wurde.[4] Dieser Delors-Report wurde die Vorlage für den Maastricht-Vertrag. Mit Abschluss des Vertrages verpflichteten sich die Unterzeichnerstaaten unter anderem, eine konvergente Wirtschafts- und Währungspolitik zu betreiben. Am 1.1.1999 vollendeten die an der Europäischen Wirtschafts- und Währungsunion teilnehmenden Staaten mit der Einführung einer gemeinsamen Währung die Endstufe der geld- und währungspolitischen Integration. Mit dem damit verbundenen Verlust an nationaler geldpolitischer Autonomie richtete sich das Augenmerk politischer Entscheidungsträger und der Wissenschaft verstärkt auf die Rolle der Fiskalpolitik in einer Währungsunion.
Die Rolle, die der Fiskalpolitik in der EWU zugedacht ist, lässt sich nicht zuletzt aus offiziellen Verlautbarungen der Europäischen Kommission erschließen. So heißt es in der Studie der Generaldirektion Wirtschaft und Finanzen mit dem Titel „Ein Markt, eine Währung“ (1990), die sich laut Untertitel mit den „potentiellen Nutzen und Kosten der Errichtung einer Wirtschafts- und Währungsunion“ auseinander setzt: „Das finanzpolitische System der WWU muss so beschaffen sein, dass für eine angemessene Kombination von Autonomie, Disziplin und Koordinierung gesorgt ist, da dies die logischen Voraussetzungen einer funktionierenden Wirtschafts- und Währungsunion sind.“[5] Handelt es sich hierbei noch um einen offenen Satz, der Raum für weitreichende Interpretationen lässt, wird diese Studie im Folgenden konkreter, wenn sie sich mit den Konsequenzen des Wegfalls des Wechselkursinstruments als Anpassungsinstrument innerhalb der „EG-Mitgliedsstaaten“ befasst.[6] In einem Abschnitt der Studie wird die Haushaltspolitik als Alternative zum Wechselkursinstrument erörtert.[7] So heißt es: „Ein vorübergehender Schock auf die Inlandsnachfrage (im Verhältnis zur Auslandsnachfrage) oder auf den realen Wechselkurs ließe sich normalerweise durch Anpassung von Löhnen und Preisen korrigieren. Bei nominaler Rigidität kann jedoch die Aufgabe, die durch einen solchen Schock bewirkten binnenwirtschaftlichen Ungleichgewichte zu korrigieren, vorübergehend von der Haushaltspolitik übernommen werden (...)“[8]. Ein von der Europäischen Kom-

---

[4] Committee for the Study of Economic and Monetary Union, Report on Economic and Monetary Union (1989).

[5] Kommission der Europäischen Gemeinschaften, Generaldirektion Wirtschaft und Finanzen (1990, S. 112).

[6] Kommission der Europäischen Gemeinschaften, Generaldirektion Wirtschaft und Finanzen (1990, S. 152).

[7] Vgl. Kommission der Europäischen Gemeinschaften, Generaldirektion Wirtschaft und Finanzen (1990, S. 180 ff).

[8] Kommission der Europäischen Gemeinschaften, Generaldirektion Wirtschaft und Finanzen (1990, S. 181).

mission herausgegebener Expertenbericht geht davon aus, „(...) dass es in der WWU erforderlich ist, für die Gemeinschaft insgesamt einen hauhaltspolitischen Kurs sicherzustellen, der zusammen mit der auf EG-Ebene geführten Geldpolitik einen Policy-mix bildet, mit dem die internen und externen Gleichgewichtsziele adäquat verfolgt werden können.“[9] Demnach wird der Fiskalpolitik eine stabilisierende Rolle zuerkannt, wobei diese grundsätzlich dem Gemeinschaftshaushalt oder den nationalen Haushalten zukommen kann.[10, 11]
Überlegungen, den Gemeinschaftshaushalt zu makroökonomischer Stabilisierungspolitik zu nutzen, werden jedoch verworfen, da dieser vom Volumen her für diese Aufgabe nicht geeignet sei.[12] Bevorzugt wird die „Koordinierung der nationalen Haushaltspolitiken“ gemäß dem „Subsidiaritätsprinzip“[13]. Bemerkenswert ist, dass hier unmittelbar davon ausgegangen wird, dass eine solche Koordinierung das Mittel der Wahl ist. Im Zuge der folgenden Untersuchungen

---

9 Europäische Kommission, (1993, S. 46).

10 Dass diskretionäre antizyklische Fiskalpolitik selbst in einem Modell mit intertemporaler Nutzenoptimierung zur makroökonomischen Stabilisierung geeignet ist, zeigt Wren-Lewis (2000). Wenn von der Annahme ricardianischer Äquivalenz abgewichen wird, hat Fiskalpolitik reale Effekte, die zu Stabilisierungszwecken genutzt werden können.

11 Eine empirische Studie von Mélitz (2000) bestätigt die empirische Relevanz antizyklischer nationaler Fiskalpolitik in der EWU.

12 So beträgt das Volumen des EU-Haushalts weniger als 2% des EU-weiten Sozialprodukts. Vgl. Andersen/Dogonowski (1999, S. 69). Zudem ist dieser Haushalt nur zu weniger als 10% umverteilungswirksam. Vgl. Eichengreen (1990, S. 140 f). Der Wegfall der nationalen Geldpolitik als Stabilisierungsinstrument führte zu Vorschlägen zur Einführung eines interregionalen Umverteilungsmechanismus („Finanzausgleichs“, *fiscal transfer scheme*, FTS) zwischen den Teilnehmerstaaten der Währungsunion. Zur Diskussion über FTS vgl. Beetsma/Bovenberg (2001) oder Kletzer/von Hagen (2001). Der Grad des interregionalen Finanzausgleichs ist im Vergleich zu anderen bestehenden Föderationen in der EWU recht niedrig. Vgl. Kommission der Europäischen Gemeinschaften, Generaldirektion Wirtschaft und Finanzen (1990, S. 184 – 187). Sachs/Sala-i-Martín (1992) schließen aus ihrer Untersuchung von US-Daten, dass ein föderatives Fiskalsystem wesentlich für das Funktionieren der „Währungsunion USA“ sei; kritisch dazu: von Hagen (1992). Fatás (1998) kommt jedoch in seiner Untersuchung zu dem Schluss, dass der Nutzen eines hypothetischen europäischen föderativen Fiskalsystems gering sei und betont dagegen die Bedeutung nationaler antizyklischer Fiskalpolitik. Obstfeld/Peri (1998) beurteilen eine Ausweitung des EU-Haushaltes zu interregionalen Stabilisierungs- und Umverteilungszwecken kritisch, da die Erfahrungen verschiedener Länder mit einem föderalen Fiskalsystem zeigten, dass zunächst als kurzfristig gedachte Stabilisierungsmaßnahmen zu langfristigen Umverteilungsmaßnahmen werden könnten, die dann notwendige strukturelle Reformen zumindest verzögerten. Neben dem stabilisierungspolitischen Zweck eines Finanzausgleichs können auch allokative und distributive Argumente vorgebracht werden. Vgl. dazu Caesar (1998).

13 Europäische Kommission (1993, S. 47). Das Subsidiaritätsprinzip ist in Art. 3 b des Maastricht-Vertrages festgelegt und besagt, dass die Europäische Union in Bereichen, in denen sie sich Befugnisse mit den Nationalstaaten teilt, nur dann handeln soll, wenn die Ziele der vorgeschlagenen Maßnahme auf Gemeinschaftsebene besser erreicht werden können.

soll gezeigt werden, ob und unter welchen Voraussetzungen diese Aussage zutrifft.

Wenn auch eine aktive stabilisierende Rolle der Fiskalpolitik grundsätzlich anerkannt wird, so hielten es die Entscheidungsträger doch für nötig, den nationalen Fiskalpolitiken einen Rahmen zu setzen. Im Vertrag von Maastricht einigten sich die vertragsschließenden Parteien unter anderem auf fiskalische Bedingungen, deren Erfüllung Voraussetzung zur Teilnahme an der EWWU sein soll. Diese Konvergenzkriterien („Maastricht-Kriterien") wurden offenbar als wesentlich für das Funktionieren und den Zusammenhalt der Währungsunion angesehen.[14] Der im Dezember 1996 anlässlich der Konferenz der Staats- und Regierungschefs der EU in Dublin beschlossene und im Juni 1997 vom Europäischen Rat in Amsterdam verabschiedete Stabilitäts- und Wachstumspakt, in welchem Frühwarn- und Sanktionsmechanismen bei einer finanzpolitischen Fehlentwicklung im Sinne des Maastricht-Vertrages konkretisiert werden, bestätigt diese Sicht.[15]

In diesem Zusammenhang stellt sich die Frage nach der ökonomischen Begründung solcher Restriktionen, insbesondere müssen Kosten und Nutzen fiskalischer Regeln gegenübergestellt werden. Die Kosten fiskalpolitischer Bindungen liegen insbesondere darin, dass – nachdem den Teilnehmerstaaten das Wechselkursinstrument nicht mehr zur Verfügung steht – vorübergehende Störungen nur unter Beachtung dieser Regeln stabilisiert werden können. Risiken für die Stabilität der Währungsunion infolge autonomer Fiskalpolitik werden darin gesehen, dass einige „EC governments might exhibit a systematic bias towards budget deficits and this bias might have serious negative external effects on other EC countries."[16] Fiskalpolitische Regeln würden diesen *bias* reduzieren und demnach Nutzen stiften. Was ist nun die theoretische Begründung für dafür? Dornbusch (1997) weist darauf hin, dass fiskalische Regeln, wie die im Maastricht-Vertrag festgelegten, nur dann Berechtigung hätten, wenn eine Neigung zu exzessiven Defiziten existiert und diese durch die Währungsunion verschärft wird.[17] Eine Neigung zu übermäßigen Haushaltsdefiziten kann begründet werden, indem den Akteuren ein „Überbeschäftigungsziel"[18] unterstellt wird oder

---

14 Für die Übergangsphase, die mit der Erreichung der Maastricht-Kriterien verbunden ist, vgl. von Hagen/Lutz (1996) oder Clausen (1998).

15 Entschließung des Europäischen Rates über den Stabilitäts- und Wachstumspakt, Amsterdam, 17.06.1997, Amtsblatt Nr. C 236 vom 02.08.1997.

16 Corsetti/Roubini (1993), S. 48.

17 Vgl. Dornbusch (1997), S. 221 oder Willet (1999), S. 37.

18 Vgl. Barro/Gordon (1983a) und dies. (1983b). Die Prämisse exzessiver Defizite ist in einigen Untersuchungen zur Fiskalpolitik in einer Währungsunion Auslöser einer spieltheoretischen Betrachtung, so z.B. bei Beetsma/Bovenberg (2000). In Modellen dieser Art „[t]he target level of inflation corresponds to price stability while the target for output is given by its non-distortionary level", (ebda., S. 250). „Überbeschäftigungsziel" meint also ein Outputziel, dass nicht mit dem inflationsstabilen Output vereinbar ist. Vgl. auch

angenommen wird, dass die Fiskalpolitik dem Drängen von Interessengruppen nachgibt, die auf Ausgaben zugunsten ihrer Klientel hinarbeiten, was zu exzessiven staatlichen Ausgabenprogrammen führe.[19] Während diese Argumente unabhängig von der Teilnahme an einer Währungsunion sind, wird vorgebracht, dass der Anreiz für diese übermäßigen Defizite in einer Währungsunion steige, da fiskalpolitisch weniger disziplinierte Teilnehmerstaaten möglicherweise eine geringere Risikoprämie zu zahlen hätten, da die *no-bailout*-Regel, die sich die Vertragsparteien im Maastricht-Vertrag auferlegt haben, nicht glaubwürdig sei.[20] Ein Effekt auf die übrigen EMU-Länder ist, dass der unionsweite Zinssatz steigen wird, mit den entsprechenden Auswirkungen auf den Außenwert des Euro und den Output. Als weiteres Argument dafür, dass sich in der Währungsunion eine Neigung zu übermäßigen Defiziten noch verschärfen kann, ist der Umstand, dass der Zinsanstieg infolge einer expansiven nationalen Fiskalpolitik geringer ausfallen wird. Wenn dies für alle Mitgliedsländer gilt, ist ein „zu hoher" unionsweiter Zins die Folge.[21] Als problematisch wird ferner angesehen, dass exzessive Budgetdefizite den Druck auf die EZB erhöhen und diese veranlassen könnte, diese Defizite zu monetisieren, mit den entsprechenden inflatorischen Wirkungen auch für fiskalpolitisch disziplinierte Mitgliedsländer.[22] Der Maastricht-Vertrag schließt die Möglichkeit eines „monetären *bail-outs*" zwar aus (Art. 104 Abs. 1), die Begrenzung von Haushaltsdefiziten und Staatsschulden kann jedoch als Maßnahme interpretiert werden, dieses Szenario erst gar nicht aufkommen zu lassen.[23]

Beetsma/Bovenberg (1998) oder Beetsma (1999). Weitere Beispiele sind: Dixit (2001) sowie Dixit/Lambertini (2001).

19 Vgl. Buchanan/Wagner (1977, S. 96).

20 Vgl. De Grauwe (^{4}2000, S. 206) oder Buiter et al. (1993, S. 78 f). De Grauwe weist auch darauf hin, dass diesem *moral-hazard*-Problem ein anderer Effekt gegenüber steht, der den Anreiz zu übermäßigen Haushaltsdefiziten verringern kann, nämlich der, dass der Druck, den ein Land auf die EZB zur Monetisierung von Staatsschuldtiteln ausüben kann, wahrscheinlich kleiner ist, als wenn sich das Land einer nationalen Zentralbank gegenüber sieht. Artis/Winkler (1999, S. 160 f.) argumentieren, dass selbst effiziente Kapitalmärkte nicht geeignet seien, übermäßige Defizite zu verhindern, da das Ausfallrisiko angesichts der Fähigkeit souveräner Staaten zur Besteuerung gering sei.

21 Vgl. Allsopp/Artis (2003, S. 15). Ein ähnliches Argument, warum die nationalen Haushaltsdefizite in einer Währungsunion steigen können, wird von Beetsma/Bovenberg (1999, S. 301) ins Feld geführt: Ein höheres Haushaltsdefizit verstärke den Anreiz der Zentralbank, den realen Wert dieses Defizits durch Inflation zu verringern. Indem dieser Anreiz von der Regierung antizipiert werde, begrenze diese ihr Defizit. In einer Währungsunion internalisiere jede einzelne Regierung die inflatorischen Folgen ihrer Haushaltspolitik nicht mehr genügend, so dass haushaltspolitische Regeln vernünftig seien.

22 Vgl. Eijffinger/de Haan (2000, S. 81 ff.) oder Eichengreen/Wyplosz (1998).

23 Vgl. Wyplosz (1991 S. 175). Caesar (1994) liefert eine Übersicht über die verschiedenen Argumente für und wider die Notwendigkeit schuldenpolitischer Disziplin in einer Wirtschafts- und Währungsunion.

Zwar lässt der Stabilitäts- und Wachstumspakt höhere Haushaltsdefizite als 3% des Bruttoinlandsproduktes zu, wenn sich ein Land einem Rückgang des Bruttoinlandsproduktes um mindestens 2% gegenüber sieht. Bei einem Rückgang zwischen 0,75% bis 2% entscheidet der ECOFIN-Rat[24], ob diese Rezession als „besonderer Umstand" im Sinne der vertraglichen Regelungen angesehen werden kann, der es erlaubt, den Referenzwert für das Haushaltsdefizit zu überschreiten. Bei Rezessionen, die kleiner als 0,75% sind, kann kein besonderer Umstand geltend gemacht werden. Andersen/Dogonowski (1999) kommen jedoch zu dem Schluss, dass sich der Rahmen, der der Fiskalpolitik durch den Stabilitätspakt gesetzt wurde, auch dann als zu eng herausstellen kann, wenn der Rückgang des Bruttoinlandsproduktes weniger als 2% beträgt und ein ausgeglichener struktureller Haushalt vorliegt.[25]
Dass der fiskalpolitische Handlungsspielraum durch die Defizitregel des Stabilitäts- und Wachstumspakts von der Politik mitunter als zu restriktiv empfunden wird, mögen folgende Zitate illustrieren, die in engem zeitlichem Zusammenhang stehen und die bezeichnend für die derzeitige politische Diskussion um den Stabilitätspakt sind:[26]

> *„Er (Bundesfinanzminister Eichel, U.V.) wird ein Programm umzusetzen haben, das in doppelter Weise angemessen ist für diese Zeit. Zum einen geht es darum, den auf europäischer Ebene vereinbarten Stabilitätspakt nicht infrage zu stellen, ihn nicht, wie es andere wünschen, formal aufzukündigen, sondern ihn mit Augenmaß so zu interpretieren, wie es in der jeweils angesagten konjunkturellen Situation möglich und nötig ist.*"

(Bundeskanzler Gerhard Schröder in einer Rede auf dem SPD-Parteitag vom 20.10.2002, nachdem Bundesfinanzminister Eichel zuvor am 16.10.02 erstmals vor Pressevertretern erklärte, dass die Neuverschuldung in Deutschland 3% des BIP überschreiten werde.)

---

24 Kurzbezeichnung für den Rat der Europäischen Gemeinschaften in der Zusammensetzung der Wirtschafts- und Finanzminister.

25 Vgl. Andersen/Dogonowski (1999), S. 88.

26 Buti et al. (1998) argumentieren dagegen, dass erst die Einhaltung einer gewissen fiskalpolitischen Disziplin der Fiskalpolitik einen stabilisierungspolitischen Spielraum verschafft. Corsetti/Roubini (1995) dagegen legen dar, dass eine größere fiskalpolitische Flexibilität zur Stabilisierung von Schocks auch bei Ländern mit politisch motiviertem übermäßigen Haushaltsdefizit nicht dazu beiträgt, dieses zu verschärfen. Calmfors (1998) sieht eine Möglichkeit, mittels Fiskalpolitik den realen Wechselkurs innerhalb einer Währungsunion zu beeinflussen, ohne die Haushaltslage des Staates zu verändern, indem in einer Rezession die steuerliche Belastung von Unternehmen reduziert wird und der Einnahmeausfall des Staates durch eine Belastung der Arbeitnehmer kompensiert wird. Auch wenn diese Maßnahmen so gesteuert werden, dass der direkte Effekt auf die gesamtwirtschaftliche Nachfrage neutral ist, wirkt diese Maßnahme über eine Verbesserung der inländischen Wettbewerbsfähigkeit wie eine nominale Abwertung.

«Je sais très bien que le pacte de stabilité est stupide, comme toutes les décisions qui sont rigides.»
(Romano Prodi, Präsident der Europäischen Kommission in einem Interview mit der französischen Tageszeitung Le Monde vom 17.10.2002.)

„Was die Finanzpolitik im Euro-Währungsgebiet betrifft, so stellt der EZB-Rat mit Besorgnis fest, dass manche Länder noch immer nicht entschlossen genug auf Haushalte hinarbeiten, die auf mittlere Frist annähernd ausgeglichen sind oder einen Überschuss aufweisen. Die aktuellen Haushaltsprobleme in einigen Ländern sind darauf zurückzuführen, dass diese, als das Wirtschaftswachstum noch deutlich höher war als derzeit, nicht die Gelegenheit genutzt und ihre Finanzlage wesentlich verbessert haben. Da diese Chance nicht ergriffen wurde, bleibt nun keine Alternative dazu, dass alle Länder, die nach wie vor Haushaltsungleichgewichte aufweisen, sich mit Nachdruck dazu verpflichten, im Einklang mit den Bestimmungen des EG-Vertrages übermäßige Defizite zu vermeiden und, wie vom Stabilitäts- und Wachstumspakt gefordert, nahezu ausgeglichene oder einen Überschuss aufweisende Haushaltspositionen zu erzielen."
(EZB Monatsbericht Oktober 2002, S. 6 f.)

Äußerungen wie die zitierten zeigen, dass sich nicht nur die nationalen Entscheidungsträger nach Aufgabe der nationalen Souveränität über die Geldpolitik durchaus der Fiskalpolitik als Mittel der Konjunkturpolitik bewusst zu sein scheinen.
Bofinger (2003) weist darauf hin, dass der gemeinsame nominale Zinssatz in der EWU und die unterschiedliche Wachstumsdynamik dazu führen, dass es zu nationalen Inflationsraten kommt, die über die nationalen Realzinsen die unterschiedlichen Wachstumsraten noch verstärken. Da es andererseits keine systematische Korrelation zwischen der Größe von Haushaltsdefiziten und nationalen Inflationsraten gibt, sieht Bofinger Spielraum, die nationalen Fiskalpolitiken als Kompensation für übermäßig restriktive oder expansive Geldpolitik heranzuziehen.[27]
Auch Eichengreen (2003) empfiehlt, angesichts eines stabilen Euro-Finanzmarktes, den Stabilitäts- und Wachstumspakt dahingehend zu überdenken, der Fiskalpolitik nicht nur einen größeren stabilitätspolitischen Spielraum zuzugestehen, sondern die Referenzwerte für Haushaltsdefizit und Staatsschulden an dem Kriterium der Tragbarkeit auszurichten.[28]
Eijffinger (2003) sieht ebenfalls die Notwendigkeit größerer fiskalpolitischer Flexibilität, betont jedoch auch, dass diese nicht zu Lasten der fiskalischen Disziplin gehen dürfe.[29] Um dies zu erreichen, wird unter anderem vorgeschlagen,

[27] Vgl. Bofinger (2003).
[28] Vgl. Eichengreen (2003).
[29] Vgl. Eijffinger (2003).

Staaten mit einem Schuldenstand deutlich unter dem Referenzwert von 60% des BIP ein höheres strukturelles Defizit zuzugestehen als solchen Staaten, die sich nahe an dieser Grenze befinden. Hier spiegelt sich das Argument der Tragfähigkeit von Staatsschulden wider, das auch von Eichengreen (2003) ins Feld geführt wurde. Auch Buti et al. (2003) plädieren dafür, den Stabilitätspakt beizubehalten, ihn aber innerhalb der bestehenden Möglichkeiten so anzuwenden, dass zugleich fiskalpolitische Disziplin erhalten bleibt und stabilitätspolitischer Spielraum gewährleistet wird.[30]

1.2 Zunehmende Symmetrie der Konjunkturen mit fortschreitender wirtschaftlicher Integration?

Fragen nach dem Nutzen oder den Kosten einer Währungsunion werden häufig unter dem Gesichtspunkt diskutiert, ob die entsprechenden Länder einen optimalen Währungsraum im Sinne von Mundells grundlegendem Beitrag darstellen.[31] Demnach richtet sich die Beantwortung danach, inwiefern die tatsächlichen oder potenziellen Mitgliedsländer von symmetrischen oder asymmetrischen Schocks – bei Mundells Überlegungen handelt es sich um eine Verschiebung der Nachfrage von Land bzw. Region A nach B oder umgekehrt – betroffen sind. Wenn Anpassungsmechanismen, wie Mobilität der Arbeitskräfte oder Lohn- und Preisflexibilität, nach temporären asymmetrischen Störungen nicht oder nicht ausreichend ausgeprägt sind, um zur makroökonomischen Stabilisierung beizutragen, erscheint der Verzicht auf den Wechselkurs als Stabilisierungsinstrument, den die Bildung eines einheitlichen Währungsraumes mit sich bringen würde, als unzweckmäßig, da mit zu hohen volkswirtschaftlichen Kosten verbunden. Mundell trifft dabei die Unterscheidung zwischen Währungsräumen mit einer und solchen mit mehr als einer Währung.[32] Im ersten Fall werden die Teilnehmer als Regionen, im zweiten als Länder bezeichnet.

Gesetzt den Fall, beide Länder bzw. Regionen werden von einer Verschiebung der Nachfrage von B nach A betroffen, so folgt daraus Arbeitslosigkeit und Leistungsbilanzdefizit für B sowie Preisanstieg und Leistungsbilanzüberschuss für A. Unterstellt man weiter, dass die an dem jeweiligen Währungsregime Beteiligten Vollbeschäftigung, Preisstabilität und außenwirtschaftliches Gleichgewicht anstreben, so folgt in einer Wechselkursunion, dass eine restriktive Geldpolitik des Überschusslandes zur Stabilisierung des dortigen Preisniveaus und zur Wiedererlangung des außenwirtschaftlichen Gleichgewichts das Problem der Arbeitslosigkeit im Defizitland verschärft.[33]

---

[30] Vgl. Buti et al. (2003, S. 107 ff.).

[31] Vgl. Mundell (1961).

[32] Vgl. Mundell (1961, S. 658).

[33] Vgl. auch im Anhang die Tabelle *Multiplikatoren System fester Wechselkurse*. Ein solches Verhalten setzt allerdings voraus, dass das Überschussland auch eine autonome Geldpolitik betreiben kann.

In einer Union zweier Regionen mit einer gemeinsamen Währung ist die Regierung jedoch der Vollbeschäftigung *beider* Regionen verpflichtet. Betreibt sie demnach eine expansive Geldpolitik, die die Arbeitslosigkeit in Region B abbaut, den Preisanstieg in Region A aber noch verschärft, impliziert dieses System einen Inflationsbias. Für beide Währungssysteme gilt jedoch, dass Vollbeschäftigung und Preisstabilität nicht zugleich erreicht werden können.[34] Ein System flexibler Wechselkurse wäre unter diesen Umständen in der Lage, das außenwirtschaftliche Gleichgewicht wieder herzustellen.
Wie es sich mit den binnenwirtschaftlichen Stabilitätszielen verhält, illustriert Mundell anhand eines Modells, demzufolge zwei Länder, USA und Kanada, in wirtschaftlich heterogene Ost- und Westregionen aufgeteilt sind. Die regionale Wirtschaftsstruktur ist jedoch homogen: Holzprodukte im Westen, Automobile im Osten. Dem System nationaler Währungen mit US-Dollar und Kanadischem Dollar stellt Mundell das Konzept regionaler Währungen mit Ost- und Westdollar gegenüber. Im Falle einer regional asymmetrischen Nachfragestörung gewährleistet der flexible Wechselkurs für beide Währungssysteme autonome nationale Geldpolitiken und damit Vollbeschäftigung, bei nationalen Währungen allerdings erkauft durch Inflation. Demgegenüber erreichen regionale Geldpolitiken Vollbeschäftigung bei Preisstabilität, was zu dem Schluss führt, dass der optimale Währungsraum die „Region" ist.[35] Kosten, die sich aus einem Verlust an geldpolitischer Autonomie ergeben, lassen sich demnach genau dann vermeiden, wenn sich die Volkswirtschaften, die eine Währungsunion im Sinne Mundells – sei es in Form nationaler Währungen mit festgelegtem Wechselkurs, sei es in Form einer einheitlichen Währung – in Erwägung ziehen, eine wirtschaftlich homogene Region bilden.
Mundells Begründung für den Nutzen einer monetären Regionalisierung leitet sich aus dem Stabilisierungsargument her. Er erwähnt jedoch auch Kosten, die mit einer zunehmenden monetären Regionalisierung verbunden sind: zunächst die mit der Anzahl der Währungen steigenden Transaktionskosten, des weiteren die Gefahr spekulativer Krisen für die interregional flexiblen Wechselkurse, wenn die Regionen hinreichend klein sind. Schließlich setzt ein Funktionieren des Wechselkursmechanismus voraus, dass Lohnverhandlungen lediglich die Lebenshaltungskosten ohne die Importgüterpreise berücksichtigen. Diese Annahme wird aber in dem Maße unwahrscheinlicher, wie mit zunehmender Regionalisierung die Importquote mutmaßlich steigt.[36]
McKinnon (1963) greift Mundells Überlegungen auf und betrachtet die Auswirkungen der Offenheit einer Volkswirtschaft im Hinblick auf die auch von Mundell genannten wirtschaftspolitischen Ziele, wobei Offenheit als Verhältnis der handelbaren zu den nicht handelbaren Gütern definiert ist.[37] Ausgehend von dem

[34] Vgl. Mundell (1961, S. 659).
[35] Vgl. Mundell (1961, S. 660).
[36] Vgl. Mundell (1961, S. 662 f.).
[37] Vgl. McKinnon (1963).

Zielkonflikt zwischen binnen- und außenwirtschaftlichem Stabilitätsziel im Falle einer asymmetrischen Nachfragestörung bei grundsätzlich festen Wechselkursen untersucht McKinnon die Frage, ob Fiskal- bzw. Geldpolitik oder eine Neufestsetzung des Wechselkurses das angemessene Instrument ist. Er kommt zu dem Ergebnis, dass eine Wechselkursanpassung umso eher ein simultanes Gleichgewicht herstellt, je geringer der Anteil der handelbaren Güter am inländischen Preisniveau ist.
Bezugnehmend auf Mundell (1961) und McKinnon (1963), untersucht Kenen (1969) den Einfluss des Diversifikationsgrades der nationalen Produktpalette auf die binnenwirtschaftliche Ziele.[38] Kenen betrachtet vier Volkswirtschaften, die sich hinsichtlich Größe und Diversifikationsgrad unterscheiden. Je nach Diversifikationsgrad der Volkswirtschaft werden mittels Arbeit als einzigem Produktionsfaktor ein oder zwei Güter hergestellt. Eine nicht diversifizierte Volkswirtschaft stellt ein Exportgut her, eine diversifizierte Volkswirtschaft darüber hinaus ein nicht handelbares, aber „import-competing" Gut. Die Größe der Volkswirtschaften ist durch ihren Einfluss auf das Verhältnis der Preise von Exportgut zu „import-competing" Gut operationalisiert.[39] Im Unterschied zu den Modellen von Mundell und McKinnon erfolgen Anpassungen an Störungen hier angebotsseitig über den Arbeitsmarkt.
Die Frage, ob die EU ein optimaler Währungsraum im Sinne Mundells und nachfolgender Untersuchungen ist, hat zu verschiedenen theoretischen Überlegungen und empirischen Untersuchungen Anlass gegeben. Ein Blick auf einige makroökonomische Fundamentaldaten der einzelnen Länder in der Eurozone zeigt, dass die recht unterschiedlichen nationalen Inflationsraten zu Beginn des dargestellten Zeitraums in der Eurozone auf niedrige Werte konvergiert sind, ab ca. 1997 aber wieder deutlich divergieren (vgl. **Abb. 1.1**). Die Wachstumsraten des realen BIP liegen dagegen, von Ausnahmen abgesehen, in einem engeren Intervall (vgl. **Abb. 1.2**), wobei sich das Wachstum in der Eurozone ab 2000 deutlich abgeschwächt hat. Für die Entwicklung der staatlichen Neuverschuldung kann festgestellt werden, dass fast alle zwölf Staaten der Eurozone 1993 mit mehr oder weniger hohen Haushaltsdefiziten konfrontiert waren (vgl. **Abb. 1.3**, oberes Bild), wobei die Bemühungen deutlich werden, diese zu reduzieren. Die Darstellung legt nahe, dass diese Entwicklung ab 2000 wieder in eine andere Richtung geht. Berücksichtigt man die unterschiedlichen Niveaus, die im Jahr 1993 vorlagen (vgl. **Abb. 1.3**, unteres Bild), wird nicht nur eine Richtungsänderung in der Politik der Haushaltskonsolidierung erkennbar, sondern auch eine divergierende Entwicklung einzelner Staaten.[40]
Wie zuvor dargelegt, wird der Einsatz von Haushaltspolitik zur Stabilisierung vorübergehender (asymmetrischer) Störungen von der Europäischen Kommission als geeignet und auch geboten angesehen, wenn die genannte Studie auch an

---

[38] Vgl. Kenen (1969, S. 49).
[39] Vgl. Kenen (1969, S. 54 ff.) für eine formale Betrachtung.
[40] Vgl. auch Fatás/Mihov (2003, S. 112 – 131).

anderer Stelle zu dem vorsichtigen Schluss kommt – der vielleicht auch als Ausdruck einer Hoffnung angesehen werden kann –, dass „die Effekte gemeinsamer Schocks immer symmetrischer werden“, da die *intraindustrielle* Spezialisierung mit zunehmender wirtschaftlicher Integration zunähme und sich die Produktionsstrukturen der Länder der EWWU anglichen.[41] Ein anderer Effekt der zunehmenden Integration der Gütermärkte, der von dem Kommissionsbericht durchaus anerkannt wird, ist jedoch die *interindustrielle* Spezialisierung, die dazu führen kann, dass sektorspezifische Schocks immer mehr zu länderspezifischen Schocks werden können. Andererseits muss dies nicht zwangsläufig der Fall sein, da die Konzentration bestimmter Wirtschaftszweige innerhalb von Regionen stattfinden kann, die nicht unbedingt mit bestehenden Ländern deckungsgleich sein müssen.[42]

Auch Krugman (1991) und (1993) weist darauf hin, dass es mit zunehmender Intensivierung des Handels zu einer regionalen Konzentration einzelner Sektoren kommen kann, was tendenziell eine erhöhte Anfälligkeit gegenüber asymmetrischen Schocks nach sich ziehen kann.[43] Krugman identifiziert die regionale Spezialisierung, die eine weitere wirtschaftliche Integration Europas möglicherweise mit sich bringt, in erster Linie als nationale Spezialisierung, wenn er bemerkt, dass der Verlust an monetärer Autonomie der Mitgliedsstaaten der EWWU neue stabilisierungspolitische Probleme nach sich ziehen wird.[44]

Bayoumi/Eichengreen (1993) untersuchen die Daten für Output und Preise in den Mitgliedsstaaten der Europäischen Gemeinschaft, mit dem Ziel, Erkenntnisse über Angebots- und Nachfragestörungen zu erhalten.[45] Als Vergleichsmaßstab dienen die Vereinigten Staaten. Bayoumi/Eichengreen finden für EG und USA jeweils die Kategorien „Kern“ und „Peripherie“ mit einer hohen Korrelation der Störungen in den Ländern oder Regionen innerhalb einer der Kategorien. “Shocks to the US core and periphery showed considerably more coherence than shocks to the analogous European regions. Only if the EC core is compared with the entire US (core and periphery together) were the magnitude and coherence of aggregate supply and demand disturbances comparable.” [46]

---

41 Kommission der Europäischen Gemeinschaften, Generaldirektion Wirtschaft und Finanzen (1990, S. 161).

42 DeGrauwe (^{4}2000, S. 26) weist auf diesen Aspekt hin und nennt als Beispiel regionaler Konzentration einer Branche die Automobilindustrie mit einem Zentrum in der Region Süddeutschland-Norditalien. Auch Delke/Gros (1999, S. 281 ff.) argumentieren, dass asymmetrische Schocks eher regionaler als nationaler Natur seien.

43 Vgl. Krugman (1991) und (1993)

44 Vgl. Krugman (1993, S. 258).

45 Vgl. Bayoumi/Eichengreen (1993).

46 Bayoumi/Eichengreen (1993, S. 223). Zu ähnlichen Ergebnissen kommt Wohlers (1997), der jedoch auch argumentiert, dass die Bedeutung asymmetrischer Schocks in der EU seit Beginn der neunziger Jahre abgenommen habe. Kritisch dazu wiederum: Landmann (1997). Bergman/Hutchinson (1999) dagegen argumentieren, dass die Unterteilung in „Kern“ und „Peripherie“ problematisch sei, da die Grundlage historische Daten seien, die

Die Frage, ob die Länder der Europäischen Gemeinschaft einen optimalen Währungsraum darstellen, wird von denselben Autoren in einem späteren Beitrag erneut aufgegriffen.[47] Bayoumi/Eichengreen (1997) schließen aus empirischen Daten und ihrer Operationalisierung der Theorie optimaler Währungsräume,[48] dass Deutschland, Österreich, Belgien und die Niederlande am ehesten geeignet seien, einen einheitlichen Währungsraum zu bilden. Dagegen erscheint die angenommene Kombination Deutschland mit Großbritannien, Dänemark, Finnland, Norwegen und Frankreich diese Kriterien vergleichsweise weniger zu erfüllen, was die Autoren insbesondere deswegen als bemerkenswert einstufen, als die Teilnahme Frankreichs als wesentlich für ein Gelingen der EMU angesehen wird. Des weiteren sehen die Autoren für diese Ländergruppe auch im Zeitablauf keinen Trend hin zu einer größeren Konvergenz, wenn auch betont wird, dass monetäre und wirtschaftliche Integration positive, sich gegenseitig verstärkende Effekte haben können.

De Grauwe/Vanhaverbeke (1993)[49] beschäftigen sich ebenfalls mit der Frage, ob Europa ein optimaler Währungsraum ist, wobei ihre Schlussfolgerungen ambivalent ausfallen. Es wird konstatiert, dass asymmetrische Störungen auf zwischenstaatlicher Ebene geringer ausfallen als auf regionaler Ebene innerhalb eines Staates. Eine Interpretation dieses Resultats ist, dass eine Europäische Währungsunion mit relativ geringen Anpassungsproblemen zu tun haben wird. Andererseits besteht jedoch die Möglichkeit, dass die Teilnehmerländer mit zunehmender wirtschaftlicher Integration – analog den Regionen innerhalb eines Landes – zunehmend anfälliger für asymmetrische Schocks werden.

Einführung der Währungsunion in Europa jedoch ein bedeutender Strukturbruch sei, der zu einer weiteren ökonomischen Verflechtung der EU-Staaten und damit auch zu einer Angleichung der nationalen Konjunkturverläufe führe.

47 Vgl. Bayoumi/Eichengreen (1997).

48 Diese Operationalisierung bezieht sich auf Outputstörungen, Handelsbeziehungen und Größe der Länder.

49 Vgl. De Grauwe/Vanhaverbeke (1993).

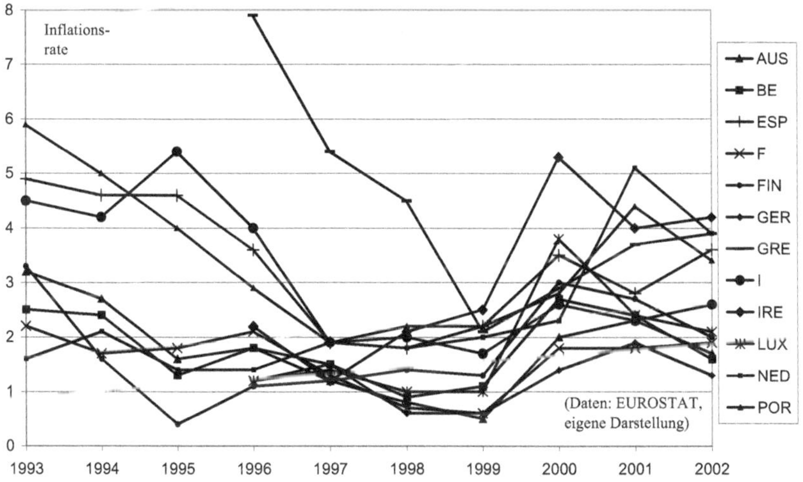

Abb. 1.1 *Entwicklung der Inflationsraten in den Mitgliedsstaaten der EWU.*

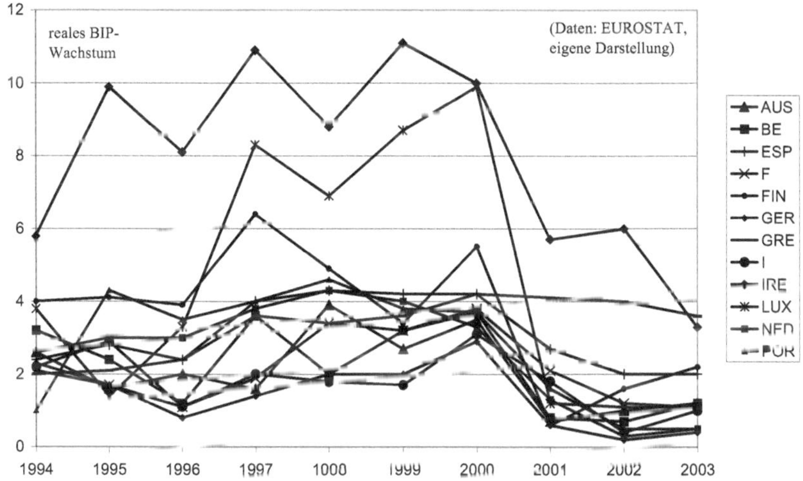

Abb. 1.2 *Entwicklung der Wachstumsraten des realen BIP (konstante Preise 1995=100) in den Mitgliedsstaaten der EWU (2003 Prognose).*

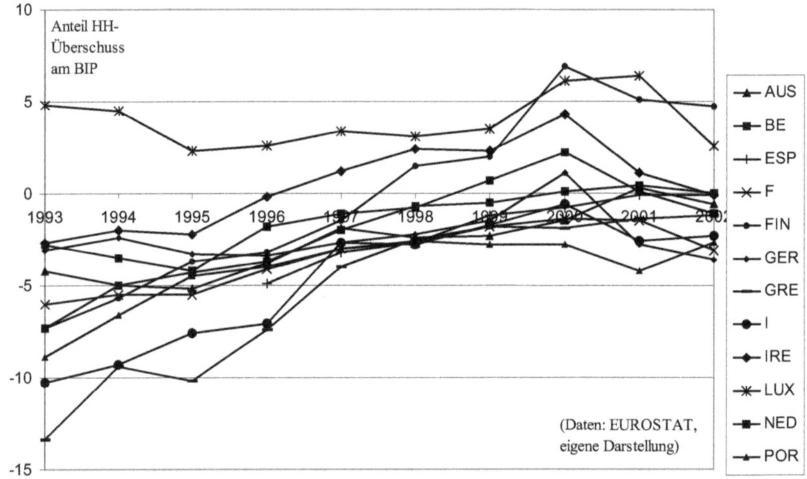

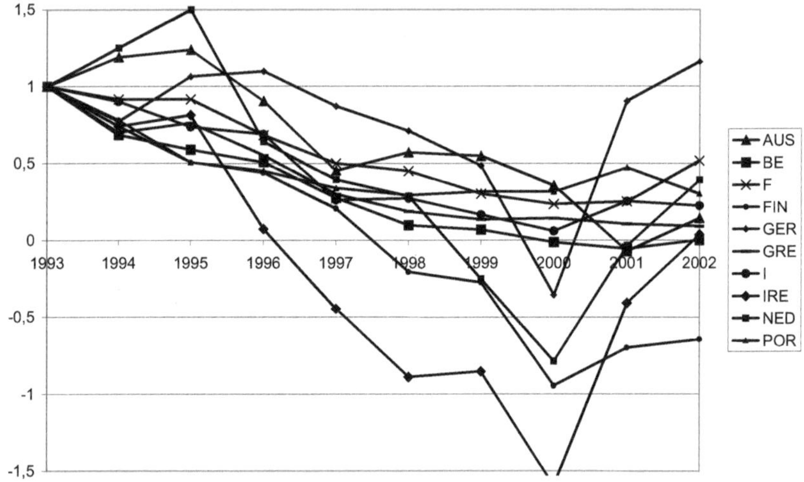

Abb. 1.3 *Oben: Entwicklung des Anteils der öffentlichen Haushaltsüberschüsse am BIP; unten: alternative Darstellung (Defizit 1993=1; ohne Spanien und Luxemburg).*

Artis/Zhang (1997) gehen der Frage nach, ob das Wechselkurssystem des Europäischen Währungssystems von 1979 bis 1993 dazu beigetragen hat, die Konjunkturverläufe der teilnehmenden Staaten zu synchronisieren.[50] Sie kommen zu dem Ergebnis, dass dies durchaus zu beobachten ist, geben jedoch auch zu bedenken, dass dieses Phänomen nicht als Folge des EWS eingestuft werden muss, sondern dass es sich hierbei um eine Voraussetzung handelte, um an dem System überhaupt teilnehmen zu können.
Frankel/Rose (1998) argumentieren, dass der Beitritt eines Landes zu einer Währungsunion durchaus dazu führt, dass sich der bilaterale Handel intensiviert und kommen zu dem Schluss, dass sich die Korrelation der Konjunkturzyklen innerhalb der Union erhöht.[51] Klüver/Rübel (2001) dagegen zeigen, dass die industrielle Konzentration innerhalb der Europäischen Union mit zunehmender Integration ebenfalls zunimmt und die Industriestrukturen der einzelnen Länder unterschiedlicher wurden, was zu einer erhöhten Anfälligkeit gegenüber asymmetrischen Störungen führe.[52]
Es bleibt festzuhalten, dass empirische Untersuchungen, die sich damit beschäftigen, ob Europa ein optimaler Währungsraum ist, nicht zu einheitlichen Ergebnissen kommen. Die Möglichkeit asymmetrischer Störungen, sei es auf regionaler oder auf nationaler Ebene, innerhalb der Europäischen Wirtschafts- und Währungsunion kann jedoch nicht als irrelevant abgetan werden. Da sprachliche und andere kulturelle Hürden einer Arbeitskräftemobilität als Ausgleichsmechanismus entgegenstehen, erscheint es folgerichtig, der Frage nachzugehen, wie eine stabilisierenden Rolle der Fiskalpolitik gestaltet werden könnte.

1.3 Gang der Arbeit

"The most important element in any discussion of the costs and benefits of EMU is the implicit or explicit hypothesis about the alternative." [53]

Wenn es asymmetrische Wirtschaftsentwicklungen in der Europäischen Wirtschafts- und Währungsunion gibt, stellt sich die Frage, welche die „angemessenen" Reaktionen der nationalen Fiskalpolitiken bzw. der supranationalen Geldpolitik sind.[54] Es dürfte realistisch sein anzunehmen, dass sich die fiskalpolitischen Entscheidungsträger, im Folgenden als „Regierungen" bezeichnet, den nationalen Interessen der eigenen (Wahl-) Bevölkerung eher verpflichtet fühlen als (wie auch immer definierten) „unionsweiten" Zielen. Das Augenmerk der Europäischen Zentralbank als Trägerin der supranationalen Geldpolitik dagegen

50 Vgl. Artis/Zhang (1997).
51 Vgl. Frankel/Rose (1998).
52 Vgl. Klüver/Rübel (2001).
53 Gros/Thygesen (^{2}1998, S. 264).
54 Ein früher Beitrag, der sich mit Fiskalpolitik in einer Währungsunion beschäftigt, allerdings ohne strategische Interaktionen spieltheoretisch zu untersuchen, ist: Allen et al. (1980).

dürfte auf ebendiese Größen gerichtet sein. Hier liegt die Frage nach den strategischen Implikationen für die Stabilisierungspolitik der Akteure nahe.
Ausgangspunkt der Untersuchung ist zunächst ein statisches Zwei-Länder-Modell offener Volkswirtschaften vom Typ Mundell-Fleming[55] unter Berücksichtigung des gesamtwirtschaftlichen Angebotes. Anhand dieser Modellstruktur wird auf die komparative Statik von drei alternativen Währungsregimes zwischen den Volkswirtschaften eingegangen: Zum einen eine Währungsunion, verstanden als vollkommen glaubwürdiges System fester nominaler Wechselkurse mit einheitlicher Währung. Des weiteren eine Wechselkursunion mit ebenfalls glaubwürdig fixierten nominalen Wechselkursen, mit im Unterschied zur Währungsunion jedoch vorhandenen nationalen Währungen.[56] Diese Wechselkursunion führt in dem gewählten Modellrahmen zu einem Leitwährungssystem, in dem ein Land autonome Geldpolitik betreiben kann und das andere sich entsprechend anpasst, was wiederum andere strategische Implikationen als in der Währungsunion vermuten lässt.[57] Da der Vergleichsmaßstab der traditionellen Literatur über optimale Währungsräume ein System flexibler Wechselkurse ist, wird auch auf dieses Währungsregime eingegangen. Obwohl dies für die Europäische Union keine realistische Politikoption sein dürfte, erlaubt diese Variante doch Erkenntnisse über die dem gewählten Modellrahmen zugrunde liegenden Verhaltensannahmen.
Wenn von strategischen Implikationen die Rede ist, bietet sich als Untersuchungsmethode die Spieltheorie an. So sollen auch in dieser Arbeit mögliche Konflikte zwischen nationaler Fiskalpolitik und supranationaler Geldpolitik operationalisiert werden, indem drei „Spieler" angenommen werden: eine der „Gesamtwohlfahrt" verpflichtete „Notenbank" als Trägerin der unionsweiten Geldpolitik und zwei „Regierungen" als Trägerinnen der nationalen Fiskalpolitik, die ihre jeweiligen Nutzenfunktionen zu optimieren suchen, was unter Berücksichtigung der aus dem Makromodell gewonnenen Verhaltensgleichungen geschieht. Die Wahl der Zielgrößen und deren Zielwert spielt dabei für die Optimierungsergebnisse erwartungsgemäß eine große Rolle. Insbesondere wird auf die Unterschiede eingegangen, die sich ergeben, wenn die Akteure ihre Ziele im Einklang mit den Präferenzen der privaten Wirtschaftssubjekte wählen oder die Erwartungen der Privaten ausnützen. Im ersten Fall entsteht stabilisierungspolitischer

---

55 Vgl. Fleming (1962) und Mundell (1963).

56 Es wird also angenommen, dass innerhalb der betrachteten Festkurssysteme keine Erwartungen bezüglich eventueller Veränderungen des Wechselkurses bestehen und solche Veränderungen auch nicht vorgenommen werden. Vgl. Wohltmann (1993, S. 75). Fratianni/von Hagen (1992, S. 175) geben jedoch zu bedenken, dass die Rede von „unwiderruflich fixierten Wechselkursen" in einer Wechselkursunion zweifelhaft sei, da bei nationalen Währungen immer eine „escape clause" impliziert sei.

57 Diese Verwendung der Begriffe „Wechselkursunion" und „Währungsunion" entspricht der Terminologie von Allen/Kenen (1980, S. 386 f.). Vgl. auch Tavlas (1993, S. 665). Auf die Verwendung der Begriffe Wechselkursunion und Währungsunion wird noch genauer eingegangen, wenn die Modellstruktur erläutert wird (Vgl. Fn. 62).

Handlungsbedarf durch das Auftreten asymmetrischer Störungen, im zweiten Fall werden die wirtschaftspolitischen Entscheidungsträger auch ohne das Auftreten von Schocks aktiv.
Die vorliegende Arbeit untersucht, unter welchen Umständen es für ein Land *unter stabilisierungspolitischen Gesichtspunkten* vorteilhaft sein kann, einer Währungsunion anzugehören und welche Ziele die gemeinsame Notenbank unter wohlfahrtstheoretischen Gesichtspunkten verfolgen sollte. In diesem Zusammenhang soll auch der Sinn fiskalpolitischer Regeln, wie sie im Maastricht-Vertrag und im Stabilitäts- und Wachstumspakt dargelegt sind, geprüft werden. Die Ergebnisse der statischen spieltheoretischen Untersuchungen werden dann auch anhand eines dynamischen Modells überprüft.
Grundsätzlich wird von symmetrischen Volkswirtschaften hinsichtlich der Präferenzen und Elastizitäten ausgegangen. Unterschiede bezüglich einzelner Merkmale, wie relative Größe, asymmetrische Angebotsstrukturen oder asymmetrische Schocks werden aber berücksichtigt. Im Verlauf der Arbeit soll weiter gezeigt werden, dass die gewonnenen Ergebnisse auch dann Bestand haben, wenn das Zwei-Länder-Modell um eine übrige Weltwirtschaft, die mit der Währungsunion bzw. der Wechselkursunion mit flexiblen Wechselkursen verbunden ist, erweitert wird.

2. Das Modell

2.1 Das makroökonomische Grundmodell

2.1.1 Die gesamtwirtschaftliche Nachfrage

Ausgangspunkt der stabilitätspolitischen Überlegungen soll ein System zweier offener Volkswirtschaften sein, mittels dessen sich unterschiedliche Wechselkursregimes untersuchen lassen und das durch die in (2.1) bis (2.6) aufgeführten Zusammenhänge gekennzeichnet sei, wobei * ausländische Größen bezeichnet.[58] In- und Ausland stellen jeweils ein Gut her, wobei beide Güter unvollständige Substitute sind, die in beiden Ländern nachgefragt werden. Die Staatsnachfrage und die Investitionsnachfrage richten sich nur auf das heimische Gut.[59] Von einer „übrigen Welt" wird zunächst abstrahiert. Für die gleichgewichtige Nachfrage auf den Gütermärkten gelten die Zusammenhänge:

$$(2.1) \qquad IS:\ Y = C(Y) + I(i) + G + AB\left(E\frac{P^*}{P}, Ex(Y^*), Im(Y)\right)$$

$$(2.2) \qquad IS^*:\ Y^* = C(Y^*) + I(i^*) + G^* + AB^*\left(-E\frac{P^*}{P}, Ex(Y), Im(Y^*)\right)$$

Die nationale gesamtwirtschaftliche Nachfrage setzt sich aus dem einkommensabhängigen Konsum, der zinsabhängigen Investitionsnachfrage, den Staatsausgaben und dem Außenbeitrag zusammen, ist negativ vom nationalen Zins $i^{(*)}$[60] abhängig und reagiert positiv auf einen expansiven heimischen Fiskalimpuls $G^{(*)}$ sowie (vermittelt über die einkommensabhängige Importneigung) auf eine positive Veränderung des Einkommens des jeweils anderen Landes. Entsprechend wird ein Teil des heimischen Einkommens für den Import verwendet. Steigt das ausländische (inländische) Preisniveau in Relation zum inländischen (ausländischen) Preisniveau, so steigt die Wettbewerbsfähigkeit des Inlandes (des Auslandes) und bewirkt im Inland (Ausland) einen positiven Einkommenseffekt. Eine Erhöhung des (nominalen) Wechselkurses E, des Preises der ausländischen Währung gemessen in Einheiten der inländischen Währung, bewirkt einen expansiven Einkommenseffekt im Inland und einen kontraktiven Ein-

---

58 Es handelt sich durch die explizite Modellierung des Auslandes sowie durch die später vorzunehmende Einbeziehung der Angebotsseite um eine Variation des Mundell-Fleming-Modells. Vgl. Mussa (1979) oder Levin (1983).

59 Vgl. Rose/Sauernheimer ([13]1999, S. 313).

60 Für den Realzins gilt: $i^r = i - \frac{E_t(P_{t+1}) - P_t}{P_t}$. Wenn nun Störungen normalverteilt sind und nicht vorhergesehen werden können, entspricht der Erwartungswert des Preisniveaus für die nächste Periode dem heutigen Preisniveau. In diesem Fall entspricht der Realzins dem Nominalzins. Zu dieser Fisher-Gleichung vgl. beispielsweise auch Mankiw ([3]1998, S. 180 ff.).

kommenseffekt im Ausland. Die Summe der Außenbeiträge beider Volkswirtschaften beträgt null.[61]

Geht man von nationalen Währungen aus, so erhält man als LM -Gleichungen für In- bzw. Ausland:

$$\text{(2.3)} \qquad \begin{aligned} LM &: \; M = PL(Y,i) \\ LM^* &: \; M^* = P^*L^*(Y^*,i^*) \end{aligned}, \qquad \text{mit } L_{Y^{(*)}} \geq 0;\; L_{i^{(*)}} \leq 0$$

Die nominale Geldnachfrage steigt mit zunehmendem Preisniveau und steigendem Einkommen. Ein steigender Zins hat einen Rückgang der nominalen Geldnachfrage zur Folge. Für die Währungsunion wird der gemeinsame Geldmarkt durch

$$\text{(2.4)} \qquad LM^{ges}{}_{MU} : \; M^{ges} = PL + P^*L^*$$

abgebildet.[62] Für die Zahlungsbilanzsalden gelten die funktionalen Beziehungen:

$$\text{(2.5)} \qquad ZB = ZB\left(AB\left(E\frac{P^*}{P}, Ex\left(Y^*\right), Im\left(Y\right) \right), \underbrace{\left(i - i^*\right)}_{\Delta} \right)$$

---

[61] Diese Bedingung geht aus der gewählten Schreibweise nicht hervor, wird aber bei der totalen Differenzierung des Gleichungssystems berücksichtigt werden.

[62] Feuerstein/Siebke (1990, S. 361) modellieren eine *Wechselkursunion* zwischen Deutschland und Frankreich mit einem einheitlichen Geldmarkt, indem der Wechselkurs zwischen D-Mark und Franc gleich eins gesetzt wird und Deutschland und Frankreich annahmegemäß gleich groß sind. Die erste Annahme erlaubt es, den Geldmarkt als $M = P^G L^G + P^F L^F$ (D=Deutschland, F=Frankreich) zu modellieren, mit M als unionsweites exogenes Geldangebot. Rose/Sauernheimer (1983) stellen den Geldmarkt in einem als Wechselkursunion bezeichneten Festkurssystem zwischen zwei Ländern ebenso dar. Die „n-1"-Problematik, die sich in einem System fester Wechselkurse ergibt, wenn man von zwei nationalen Geldmärkten ausgeht und eine Währung den nominalen Anker darstellt, stellt sich dann nicht. In der Terminologie, die in der vorliegenden Arbeit verwendet wird, wird diese Darstellungsweise des Geldmarktes in einer Wechselkursunion als *Währungsunion* bezeichnet. Tatsächlich ist der grundlegende Unterschied zwischen einer Wechselkurs- und einer Währungsunion in der vorliegenden Arbeit nicht so sehr der zwischen nationalen Währungen einerseits und supranationaler Währung andererseits, sondern vielmehr der Umstand, dass ein System fester Wechselkurse aufgrund der „n-1-Problematik" zu einem Leitwährungssystem führt. Eine aus dem Modell hervorgehende Begründung dafür, welches Land die Rolle des Leitwährungslandes wahrnimmt, kann kaum gefunden werden. Üblicherweise wird eine Währung zu einer Ankerwährung in einem Festkurssystem, wenn die teilnehmenden Länder einen unterschiedlichen geldpolitischen Kurs verfolgen und daher unterschiedliche Inflationsraten vorliegen. Vgl. Jarchow/Rühmann ([4]1997, Bd. II, S. 316 f.). Da hier beide Länder als symmetrisch angenommen werden, muss die Begründung für die Leitwährungsfunktion eines Landes *ad hoc* ausfallen. Wenn hier von Wechselkursunion die Rede ist, ist immer ein Leitwährungssystem gemeint. Betrachtet man die Entwicklung des EWS, so scheint diese Annahme einer empirischen Evidenz nicht zu entbehren. Vgl. dazu De Grauwe ([2]1996, S. 39 – 44); Dornbusch et al. (1998) und Welfens (1991).

(2.6) $$ZB^* = ZB^*\left(AB^*\left(-E\frac{P^*}{P}, Ex(Y), Im(Y^*)\right), \underbrace{-(i-i^*)}_{-\Delta}\right)$$

Die Zahlungsbilanz setzt sich in diesem Modell aus der Handelsbilanz und der Kapitalbilanz zusammen.[63] Eine ausgeglichene Zahlungsbilanz erfordert bei einem Exportüberschuss ein Kapitalbilanzdefizit. Die Zahlungsbilanzsalden addieren sich zu null (vgl. Fußnote 61).

Um die teilweise in allgemeiner Form gehaltenen funktionalen Zusammenhänge zu linearisieren, sollen (2.1) bis (2.6) total differenziert werden[64]:

(2.7) $$IS: \frac{dY}{\overline{Y}} = \underbrace{\frac{1}{1-c}\frac{\partial Y}{\overline{Y}}\frac{1}{\partial i}}_{-\alpha_1} di + \underbrace{\frac{1}{1-c}\frac{\partial Y}{\overline{Y}}\frac{\overline{E^r}}{\partial E^r}}_{\alpha_2}\left(\frac{dE}{\overline{E}} + \frac{dP^*}{\overline{P^*}} - \frac{dP}{\overline{P}}\right) + \underbrace{\frac{1}{1-c}\frac{\partial Y}{\overline{Y}}\frac{\overline{G}}{\partial G}}_{\alpha_3}\frac{dG}{\overline{G}} + \underbrace{\frac{im^*}{1-c}}_{\alpha_4}\frac{dY^*}{\overline{Y}^*} - \underbrace{\frac{im}{1-c}}_{\alpha_4}\frac{dY}{\overline{Y}}$$

(2.8) $$IS^*: \frac{dY^*}{\overline{Y}^*} = \underbrace{\frac{1}{1-c}\frac{\partial Y^*}{\overline{Y}^*}\frac{1}{\partial i^*}}_{-\alpha_1} di^* - \underbrace{\frac{1}{1-c}\frac{\partial Y^*}{\overline{Y}^*}\frac{\overline{E^r}}{\partial E^r}}_{\alpha_2}\left(\frac{dE}{\overline{E}} + \frac{dP^*}{\overline{P^*}} - \frac{dP}{\overline{P}}\right) + \underbrace{\frac{1}{1-c}\frac{\partial Y}{\overline{Y}}\frac{\overline{G}}{\partial G}}_{\alpha_3}\frac{dG}{\overline{G}} + \underbrace{\frac{im^*}{1-c}}_{\alpha_4}\frac{dY}{\overline{Y}} - \underbrace{\frac{im}{1-c}}_{\alpha_4}\frac{dY^*}{\overline{Y}^*}$$

(2.9) $$LM: \frac{dM}{\overline{M}} = \underbrace{\frac{\partial L}{\overline{L}}\frac{\overline{Y}}{\partial Y}}_{k}\frac{dY}{\overline{Y}} + \underbrace{\frac{\partial L}{\overline{L}}\frac{1}{\partial i}}_{-b} di + \frac{dP}{\overline{P}}$$

(2.10) $$LM^*: \frac{dM^*}{\overline{M}^*} = \underbrace{\frac{\partial L^*}{\overline{L}^*}\frac{\overline{Y}^*}{\partial Y^*}}_{k}\frac{dY^*}{\overline{Y}^*} + \underbrace{\frac{\partial L^*}{\overline{L}^*}\frac{1}{\partial i^*}}_{b} di^* + \frac{dP^*}{\overline{P}^*}$$

Als Ausdruck für das Geldmarktgleichgewicht in der Währungsunion ergibt sich in Verbindung mit (2.4):[65]

(2.11) $$LM^{ges}{}_{MU}: \frac{dM^{ges}}{\overline{M}^{ges}} = \underbrace{\frac{PL}{PL+P^*L^*}}_{\varphi}\left(\frac{dP}{\overline{P}} + \frac{dL}{L}\right) + \underbrace{\frac{P^*L^*}{PL+P^*L^*}}_{(1-\varphi)}\left(\frac{dP^*}{P^*} + \frac{dL^*}{L^*}\right),$$

---

63 Von Transfers oder Übertragungen zwischen den Ländern wird abstrahiert, so dass die Handelsbilanz mit der Leistungsbilanz identisch ist, da das in einem Land hergestellte Gut ja auch als Dienstleistung denkbar ist.

64 Vgl. Wagner ([5]1998, S. 327) oder Aoki (1981, S. 15).

65 Zur Modellierung des Geldmarktes in einer Währungsunion bzw. Wechselkursunion vgl. Gros/Thygesen (1998, S. 324 bzw. S. 161).

wobei $\overline{(.)}$ stationäre Werte bezeichnet und $\frac{d(.)}{\overline{(.)}} = \frac{(.)-\overline{(.)}}{\overline{(.)}}$ die prozentuale Abweichung von diesen stationären Werten, welche im Folgenden mit dem entsprechenden Kleinbuchstaben bezeichnet werden soll. Die Elastizitäten (bzw. Semi-Elastizität für die Zinsdifferenz) werden durch die angegebenen Ausdrücke unter den geschweiften Klammern substituiert und sind nichtnegativ definiert. Die LM -Gleichung für die Währungsunion lautet dann:[66]

(2.12) $$m^{ges} = -bi + \varphi(ky + p) + (1-\varphi)(ky^* + p^*)$$

φ bzw. $(1-\varphi)$ ist der prozentuale Anteil der inländischen bzw. ausländischen Nachfrage nach nominaler Geldmenge an der Gesamtnachfrage. Entsprechend gilt $0 \leq \varphi, (1-\varphi) \leq 1$.

Im Verlauf der Untersuchung wird häufig auf die relative Größe der Volkswirtschaften Bezug genommen. In den oben genannten Gleichungen des Makrosystems wurden die Nachfrageelastizitäten der beiden Länder als gleich angenommen. Wie man erkennt, setzt dies aber voraus, dass die entsprechenden stationären Werte gleich groß sind. Für die komparativ-statische Analyse spielt die absolute Höhe der stationären Werte jedoch keine Rolle, so dass diese in allen Währungssystemen auf einheitliche Werte normiert werden können. Relevant werden die Größenverhältnisse, wenn für bestimmte Variablen Restriktionen bezüglich des gesamten Wirtschaftsraums gelten, wie dies für den Geldmarkt in der Währungsunion der Fall ist. In einer Wechselkursunion und im System flexibler Wechselkurse gilt, dass das heimische Geldangebot stets der heimischen Geldnachfrage entspricht. Dies ist unabhängig davon, ob beide Geldmengen exogen sind, wie im System flexibler Wechselkurse oder nur eine, wie in der Wechselkursunion. Dagegen gilt für den einheitlichen Geldmarkt in der Währungsunion, dass sich das Wachstum der Gesamtgeldmenge nur dann genau auf das Wachstum der nationalen Geldnachfragen aufteilt, wenn letztere entsprechend ihren Größenverhältnissen gewichtet werden.[67]

Die total differenzierten Salden der Zahlungsbilanzen lauten:

(2.13)

ZB:

$$\frac{dZB}{\overline{ZB}} = \underbrace{\frac{1}{1-c}\frac{\partial Y}{\overline{Y}}\frac{\overline{E^r}}{\partial E^r}}_{\alpha_2}\left(\frac{dE}{\overline{E}} + \frac{dP^*}{\overline{P^*}} - \frac{dP}{\overline{P}}\right) + \underbrace{\frac{im^*}{1-c}}_{\alpha_4}\frac{dY^*}{\overline{Y^*}} - \underbrace{\frac{im}{1-c}}_{\alpha_4}\frac{dY}{\overline{Y}} + \underbrace{\frac{\partial ZB}{\overline{ZB}}\frac{1}{\partial\Delta}}_{\kappa}d\Delta$$

---

[66] Zu beachten ist, dass di hier zu i umdefiniert wurde. Vgl. Wagner ([5]1998, S. 327).

[67] Zum Zusammenhang zwischen Niveaugrößen und Wachstumsraten s. auch S. 41 f.

(2.14)

ZB^* :

$$\frac{dZB^*}{\overline{ZB}^*} = -\underbrace{\frac{1}{1-c}\frac{\partial Y^*}{\overline{Y}^*}\frac{\overline{E^r}}{\partial E^r}}_{\alpha_2}\left(\frac{dE}{\overline{E}} + \frac{dP^*}{\overline{P}^*} - \frac{dP}{\overline{P}}\right) + \underbrace{\frac{im^*}{1-c}}_{\alpha_4}\frac{dY}{\overline{Y}} - \underbrace{\frac{im}{1-c}}_{\alpha_4}\frac{dY^*}{\overline{Y}^*} - \underbrace{\frac{\partial ZB^*}{\overline{ZB}^*}\frac{1}{\partial\Delta}}_{\kappa} d\Delta$$

In vereinfachender Schreibweise lauten die Zahlungsbilanzgleichungen:

$$(2.15)\qquad \begin{aligned} &\kappa\left(i - i^*\right) + \alpha_2\left(e + p^* - p\right) + \alpha_4 y^* - \alpha_4 y = zb \\ &\kappa\left(i - i^*\right) + \alpha_2\left(e + p^* - p\right) + \alpha_4 y^* - \alpha_4 y = -zb^* \end{aligned}$$

Setzt man vollkommene Kapitalmobilität $(\kappa \to \infty)$ voraus, was im Folgenden durchweg der Fall sein soll, ergibt sich aus (2.15) in beiden Ländern ein einheitlicher Zinssatz[68]:

(2.16) $\qquad i = i^*$,

was dann in (2.1) bis (2.6) zu berücksichtigen ist. Nachdem die gesamtwirtschaftliche Nachfrage hergeleitet wurde, soll nun auch das gesamtwirtschaftliche Angebot spezifiziert werden.

2.1.2 Das gesamtwirtschaftliche Angebot

2.1.2.1 Der produktionstechnische Zusammenhang zwischen Output und Reallohn

Es ist möglich, die Angebotsfunktionen mikroökonomisch aus Cobb-Douglas-Produktionsfunktionen

(2.17) $\qquad Y = CN^{\beta}K^{1-\beta} \quad (0 \le \beta \le 1)$

in Verbindung mit dem Gewinnmaximierungskalkül der Unternehmer herzuleiten,[69] wonach die optimale Beschäftigungsmenge genau dann gegeben ist, wenn sich Grenzerlös und Grenzkosten entsprechen:

(2.18) $\qquad \dfrac{\partial Y}{\partial N} = \dfrac{W}{P}$

Aus beiden Zusammenhängen erhält man:

(2.19) $\qquad \dfrac{W}{P} = \underbrace{\beta C^{\frac{1}{\beta}} K^{\frac{1-\beta}{\beta}}}_{X} Y^{\frac{\beta-1}{\beta}}$

---

68 Geht man stattdessen vom anderen Extrem vollkommener Kapitalimmobilität $(\kappa \to 0)$ bei flexiblen Wechselkursen aus, erhält man die gleiche Lösung wie für geschlossene Volkswirtschaften. Marston (1985) weist darauf hin, dass das Argument für flexible Wechselkurse als Abschirmung gegenüber exogenen Störungen des Auslandes wesentlich von dieser Annahme abhängt.

69 Für eine solche Herleitung der gesamtwirtschaftlichen Angebotsfunktion vgl. z.B. Landmann/Jerger (1999, S. 74 ff.).

Da die Produktionstechnologie C ebenso wie die Kapitalausstattung K in der kurzen Frist als konstant angesehen wird, wird der Ausdruck über der geschweiften Klammer durch die Konstante $\overline{X}$ substituiert. Totales Differenzieren zur Linearisierung liefert den Ausdruck:

(2.20) $$\frac{dW}{\overline{W}}=\frac{dP}{\overline{P}}-\left(\frac{1-\beta}{\beta}\right)\frac{dY}{\overline{Y}},$$

bzw. in der bereits im $IS-LM-ZB$-Modell verwendeten Schreibweise:

(2.21) $$y=\frac{\beta}{1-\beta}(p-w) \Leftrightarrow p=w+\frac{1-\beta}{\beta}y$$

(2.22) $$y^{*}=\frac{\beta}{1-\beta}\left(p^{*}-w^{*}\right) \Leftrightarrow p^{*}=w^{*}+\frac{1-\beta}{\beta}y^{*}$$

Die Gleichungen (2.21) und (2.22) seien die Angebotskurven einer repräsentativen Unternehmung und insofern als gesamtwirtschaftliche Angebotsfunktionen zu verstehen. Steigende Nominallöhne werden von Seiten der Unternehmer vollständig in die Preise überwälzt ($\frac{dp}{dw}=1$), was die Angebotsfunktion im py-Diagramm nach oben verschiebt.[70] Für $\beta \rightarrow 1$ ergibt sich ein horizontaler Verlauf der Angebotskurve ($\frac{dp}{dy}=0$), der eine Folge der in diesem Fall linearen Produktionsfunktion ist: Wenn sich die Produktionselastizität der Arbeit dem Grenzwert eins nähert (und die des Kapitals entsprechend gegen null strebt), bedeutet dies, dass eine Produktionsausweitung bei gegebenem Kapitalstock möglich ist, ohne dass es zu Preiserhöhungen kommt. Dies kann der Fall sein, wenn die Kapazitäten unterausgelastet sind: Ein höherer Arbeitseinsatz kann mit der bisher nicht genutzten Kapitalausstattung geleistet werden, so dass der Grenzertrag der Arbeit konstant ist. Diese Kapazitätsunterauslastung lässt sich daran ersehen, dass eine hypothetische Ausweitung des Kapitaleinsatzes *ceteris paribus*

---

[70] Die mikroökonomische Herleitung von (2.22) liefert jedoch noch keine Begründung für das Vorhandensein von Rigiditäten, die eine Produktionsausweitung erst ermöglichen. Gleichung (2.22) sagt aus, dass eine Produktionsausweitung bei ertragsgesetzlich verlaufender Produktionsfunktion *bei gegebenem* $w^{(*)}$ zu steigenden Preisen führt. Wird diese Preiserhöhung antizipiert und seitens der Arbeitnehmer eine entsprechende Nominallohnerhöhung durchgesetzt, bleibt $y^{(*)}=0$ und es gilt eine vertikale Angebotskurve.

Keynesianische Modelle gehen davon aus, dass Outputvariationen möglich sind, ohne dass es zu Preiserhöhungen kommen muss. Diese Annahme kann wie oben geschehen produktionstechnisch begründet werden ($\beta \rightarrow 1$). Es sind jedoch auch Ansätze entwickelt worden, die zu begründen versuchen, warum es trotz sinkender Grenzerträge der Arbeit bei einer Outputerhöhung unter Umständen nicht zu Preiserhöhungen kommt. Hier wird ausgeführt, dass geringe Preisanpassungskosten (*menu costs*) zu makroökonomisch bedeutenden Rigiditäten führen können. Vgl. Mankiw (1985) oder Blanchard/Kiyotaki (1987) sowie zusammenfassend Romer (1996).

nicht zu einer Produktionsausweitung führen würde (vgl. **Abb. 2.1**, rechtes Bild). Für den anderen Grenzfall $\beta \to 0$ ist der knappe Faktor das Kapital; ein vermehrter Einsatz des Faktors Arbeit würde nicht zu einer Produktionssteigerung führen. Eine mögliche gesteigerte Nachfrage kann angebotsseitig nicht befriedigt werden und führt bei konstantem Output lediglich zu gestiegenen Preisen. Man erhält einen vertikalen Verlauf der Angebotsfunktion.

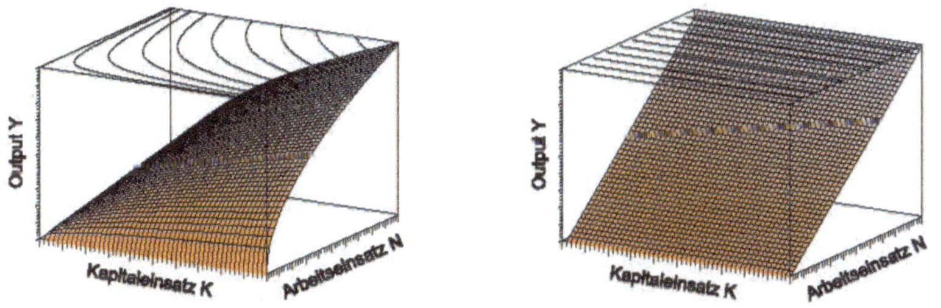

Abb. 2.1 *Cobb-Douglas-Produktionsfunktion in entlogarithmierter Form mit der Faktorelastizität $\beta = 0{,}5$ (links) bzw. $\beta = 1$ (rechts).*

2.1.2.2 Der makroökonomische Zusammenhang von Nominallohn und Beschäftigung

Eine andere, makroökonomische Interpretation für den Verlauf der gesamtwirtschaftlichen Angebotsfunktion ist der Phillipskurven-Zusammenhang. Hier leitet sich die positive Beziehung zwischen p und y aus Knappheitsverhältnissen auf dem Arbeitsmarkt und Umverteilungsmotiven her. Der Nominallohn soll positiv vom Beschäftigungsgrad abhängig und eine positive Funktion der angestrebten Lohnquote sein:

(2.23) $$W = f\left(\left(Y - \overline{Y}\right), L^d\right), \text{ mit } f'_Y, f'_{L^d} \geq 0$$

Wenn für die realisierte Lohnquote

(2.24) $$L = \frac{W}{P}\frac{N}{Y} = \frac{W}{P}\frac{1}{a}, \text{ mit}$$
$$\frac{dL}{L} = \frac{dW}{W} - \frac{dP}{P} - \frac{da}{a}$$

gilt, dann folgt bei einer konstanten Produktivität und unter der Annahme, dass keine Umverteilung stattfindet, dass Nominallohnerhöhungen sich dergestalt in Preiserhöhungen niederschlagen, dass der Reallohn unverändert bleibt. Wenn dies bei der totalen Differenzierung von (2.23) berücksichtigt wird, erhält man:

(2.25) $$\frac{dP}{P} = \underbrace{\frac{\partial f}{f}\frac{\overline{Y}}{\partial Y}}_{\gamma \geq 0}\frac{dY}{\overline{Y}} + \underbrace{\frac{\partial f}{f}\frac{\overline{L}^d}{\partial L^d}}_{\theta \geq 0}\frac{dL^d}{\overline{L}^d}, \text{ bzw.}$$

(2.26) $$y=\frac{1}{\gamma}\left(p-\theta l^{d}\right)$$

(2.27) $$y^{*}=\frac{1}{\gamma}\left(p^{*}-\theta l^{d^{*}}\right)$$

mit γ als Maß für die Konkurrenzverhältnisse auf dem Arbeitsmarkt. Für $\gamma \to 0$ geht eine Produktionsausweitung ohne Nominallohnsteigerungen vonstatten, da auf dem Arbeitsmarkt genug (bislang unbeschäftigte) Arbeitskräfte vorhanden sind, so dass Arbeitsplatzbesitzer keine Nominallohnsteigerungen durchsetzen können. Je größer γ, desto geringer die Konkurrenz der Arbeitslosen und desto höhere Nominallöhne können durchgesetzt werden.
Mikro- und makroökonomische Herleitung für den Verlauf der gesamtwirtschaftlichen Güterangebotsfunktionen im In- und Ausland führen damit zu Ergebnissen, die miteinander konsistent sind. Preissteigerungen sind einerseits (mikroökonomisch) durch die Produktionstechnik zu begründen, wonach die gestiegenen Grenzkosten infolge einer höheren Ausbringungsmenge bei ausgelasteten Kapazitäten in die Preise überwälzt werden (bei gegebenem Nominallohn). Bei unterausgelasteten Kapazitäten kommt es zu keiner produktionstechnisch bedingten Preiserhöhung. Makroökonomisch bedingte Preissteigerungen, die aus Knappheitserscheinungen am Arbeitsmarkt herrühren, sind zusätzlich möglich, sowohl bei unterausgelasteten als auch bei ausgelasteten Kapazitäten. Knappheitsbedingter Nominallohnzuwachs mit der entsprechenden Überwälzung in die Preise wird also durch eine Bewegung *entlang* der Angebotskurve abgebildet. Weitergehende Nominallohnforderungen, etwa mit dem Ziel der Umverteilung zugunsten des Faktors Arbeit erhoben, bestimmen die *Lage* der Angebotsfunktion. Hier liegt ein Unterschied zur mikroökonomischen begründeten Angebotsfunktion: jegliches Nominallohnwachstum ist hier ein Lageparameter. Dieser Unterschied ist für die folgende Untersuchung jedoch nicht bedeutsam, da man sich als Motiv für (exogene) Nominallohnerhöhungen im mikroökonomischen Fall ebenfalls Umverteilungsabsichten vorstellen kann. Für die weiteren Untersuchungen wird die Schreibweise der mikroökonomischen Begründung gewählt, wobei beide genannten Interpretationen der Lage wie der Neigung „mitgedacht" werden.
Zusammengefasst lauten die Nachfrage- und Angebotsgleichungen des Zwei-Länder-Modells: [71]

[71] Die Parameter b, k und α_3 wurden gleich eins gesetzt, was ohne Verlust an Allgemeingültigkeit möglich ist. Es soll darauf hingewiesen werden, dass die korrekte Ent-sprechung der Güternachfragegleichungen (2.7) und (2.8) $y=...+\alpha_4\left(y^{*}-y\right)$ bzw. $y^{*}=...-\alpha_4\left(y^{*}-y\right)$ lauten müssten. Die Ergebnisse der nachfolgenden Abschnitte werden durch die vereinfachte Darstellung in (2.28) – (2.34) jedoch nicht beeinflusst. Die algebraischen Lösungen für Währungsunion, Wechselkursunion und für das System flexibler Wechselkurse sind im Anhang wiedergegeben.

(2.28) $IS: \quad y = -\alpha_1 i + \alpha_2 \left(\overset{(-)}{e} + p^* - p \right) + g + \alpha_4 y^*$

(2.29) $IS^*: \quad y^* = -\alpha_1 i - \alpha_2 \left(\overset{(-)}{e} + p^* - p \right) + g^* + \alpha_4 y$

(2.30) $LM_{MU}: \quad m = -i + \varphi(y + p) + (1 - \varphi)(y^* + p^*)$

(2.31) $LM_{\underset{WK}{(-)}}: \quad m = -i + y + p$

(2.32) $LM_{\underset{WK}{(-)}}^*: \quad m^* = -i + y^* + p^*$

(2.33) $y^s: \quad p - \frac{1-\beta}{\beta} y + w$

(2.34) $y^{*s}: \quad p^* = \frac{1-\beta}{\beta} y^* + w^*$

2.1.3 Zur dynamischen Stabilität des Systems

> *"Often in the writings of economists the words 'dynamic' and 'static' are used as nothing more than synonyms for good and bad, realistic or unrealistic, simple and complex. We damn another man's theory by terming it static, and advertise our own by calling it dynamic. Examples are too plentiful to require citation."* [72]

In dem bisher beschriebenen statischen Modell wird davon *ausgegangen*, dass das System nach einer exogenen Einwirkung wieder zu einem Gleichgewicht findet (komparativ-statische Betrachtung). Dynamisiert man das Modell, indem man plausible Hypothesen über die Anpassungspfade der endogenen Variablen aufstellt, so sind Aussagen darüber möglich, *unter welchen Umständen* sich ein neues Gleichgewicht tatsächlich einstellt. Selbst wenn der Anpassungspfad zum neuen Gleichgewicht als solcher nicht von Interesse ist, kann die dynamische Betrachtung zu Parameterrestriktionen führen: "There exists an intimate formal dependence between comparative statics and dynamics. (...) I shall refer to it as the *Correspondence Principle*. (...) (N)ot only can the investigation of the dynamic stability yield fruitful theorems in statical analysis, but also known properties of a (comparative) statical system can be utilized to derive information concerning the dynamic properties of a system."[73] Eine komparativ-statische Untersuchung ist ein Spezialfall einer allgemeinen dynamischen Betrachtung,[74] woraus sich zwangsläufig ergibt, "(i)f the dynamic time path is inconsistent with

---

72 Samuelson (^{6}1961, S. 311).

73 Samuelson (^{6}1961, S. 284). Hervorhebungen im Original.

74 Samuelson (^{6}1961, S. 262).

the comparative-statics theorems, then one or more of these predictions is simply wrong: i.e., the theory is initially inconsistent"[75].
Das bisherige Makromodell kann dynamisiert werden, indem man beispielsweise annimmt, dass die Gütermärkte mit einer Zeitverzögerung auf Veränderungen des realen Wechselkurses, des Einkommens des jeweils anderen Landes und der Staatsausgaben reagieren. Ferner ist die Güternachfrage vom Realzins abhängig, der sich ausgehend von der Periode $t+1$ aus der Differenz von i_{t+1} und $w_{t+2}^{(*)}$ ergibt. Die Variablen $w^{(*)}$ werden hier also nicht wie bisher als exogene Angebotsstörungen interpretiert, sondern sind Ausdruck der Inflationserwartungen. Man erhält für den Güter- und Geldmarkt in der Währungsunion:

(2.35) $$y_{t+1} = -\alpha_1 \left(i_{t+1} - w_{t+2}\right) + \alpha_2 \left(p_t^* - p_t\right) + g_t + \alpha_4 y_t^*$$

(2.36) $$y_{t+1}^* = -\alpha_1 \left(i_{t+1} - w_{t+2}^*\right) - \alpha_2 \left(p_t^* - p_t\right) + g_t^* + \alpha_4 y_t$$

(2.37) $$m_t = -bi_t + \varphi\left(ky_t + p_t\right) + \left(1-\varphi\right)\left(ky_t^* + p_t^*\right)$$

(2.38) $$p_t = \frac{1-\beta}{\beta} y_t + w_t$$

(2.39) $$p_t^* = \frac{1-\beta}{\beta} y_t^* + w_t^*$$

Da in der dynamischen Betrachtung zwangsläufig von einem längeren Zeithorizont ausgegangen werden muss, sollen hier auch die Erwartungen der Lohnsetzer endogenisiert und damit endogene Verschiebungen der Angebotskurven zugelassen werden:

(2.40) $$w_{t+1} - w_t = j\left(p_t - w_t\right)$$

(2.41) $$w_{t+1}^* - w_t^* = j\left(p_t^* - w_t^*\right),$$

wobei j den „Lernparameter" darstellt: Für $j=0$ findet kein Lernprozess statt, und die Lohnsetzer erwarten stets das $w^{(*)}$, was sie auch für die letzte Periode prognostiziert haben (statische Erwartungsbildung). Für $j>0$ wird der Prognosefehler für die nächste Periode berücksichtigt (adaptive Erwartungsbildung).
Bei rationaler Erwartungsbildung liegt kein Prognosefehler[76] mehr vor, und die realisierte Inflationsrate entspricht stets den Erwartungen ($p_t^{(*)} = w_t^{(*)}$).

---

[75] Silberberg ([2]1990, S. 669).

[76] Die Individuen machen keine systematischen Prognosefehler. Prognosefehler durch unvorhergesehene, zufallsbedingte Schocks sind mit dem Konzept Rationaler Erwartungen zu vereinbaren. Da hier von solchen Störungen abstrahiert wurde, kommt es zu keiner Fehleinschätzung. Wagner (1992, S. 341) interpretiert rationale Erwartungen als „unendliche Lerngeschwindigkeit" mit $j \to \infty$. In der Tat ergibt sich für (2.40) und (2.41) bei $j \to \infty$ auf den ersten Blick die Lösung $\overline{w}_t^{(*)} = \overline{p}_t^{(*)}$. Da es sich bei (2.40) und (2.41) jedoch um Differenzengleichungen handelt, erhält man $w_t^{(*)} = A\left(1-j\right)^t + p_t^{(*)}$ als Lösung,

Zunächst muss (2.37) um eine Periode in die Zukunft verschoben werden, um i_{t+1} in (2.35) und (2.36) ersetzen zu können. Entsprechend werden (2.38) und (2.39) herangezogen, um $p_t^{(*)}$ und $p_{t+1}^{(*)}$ in den übrigen Gleichungen des Systems zu ersetzen. Die Gleichungen (2.35) bis (2.41) liefern dann ein System von zwei inhomogenen linearen Differenzengleichungen zweiter Ordnung in den Variablen w und w^* sowie zwei inhomogenen linearen Differenzengleichungen zweiter Ordnung in den Variablen y und y^*. Um das System lösen zu können, müssen die Differenzengleichungen zweiter Ordnung in solche erster Ordnung überführt werden, was durch die Einführung von zwei (Hilfs-)Variablen und geeignete Substitution geschieht.[77] Definiert man $x_t = w_{t+1}$ und $x_t^* = w_{t+1}^*$ und ersetzt man $w_{t+1}^{(*)}$ und $w_{t+2}^{(*)}$ durch die neu eingeführten Variablen, ergibt sich ein System von sechs linearen Differenzengleichungen erster Ordnung in den Variablen $y_t^{(*)}$, $w_t^{(*)}$ und $x_t^{(*)}$.

Die partikuläre Lösung des Systems (und damit den stationären Zustand) erhält man, indem $y_{t+1}^{(*)} = y_t^{(*)}$ und $w_{t+2}^{(*)} = w_{t+1}^{(*)} = w_t^{(*)}$ gesetzt wird:[78]

$$\bar{y} = \bar{y}^* = 0$$

$$\bar{p} = \bar{w} = \frac{1}{1-b}m + \frac{\alpha_1(b-(1-\varphi)) - \alpha_2 b}{\alpha_1(1-b)(\alpha_1 - 2\alpha_2)}g - \frac{\alpha_2 b - \alpha_1(1-\varphi)}{\alpha_1(1-b)(\alpha_1 - 2\alpha_2)}g^* \tag{2.42}$$

$$\bar{p}^* = \bar{w}^* = \frac{1}{1-b}m + \frac{\alpha_1\varphi - \alpha_2 b}{\alpha_1(1-b)(\alpha_1 - 2\alpha_2)}g + \frac{\alpha_1(b-\varphi) - \alpha_2 b}{\alpha_1(1-b)(\alpha_1 - 2\alpha_2)}g^*$$

$$\bar{i} = \frac{1}{1-b}m + \frac{\alpha_1\varphi - \alpha_2}{\alpha_1(1-b)(\alpha_1 - 2\alpha_2)}g + \frac{\alpha_1(1-\varphi) - \alpha_2}{\alpha_1(1-b)(\alpha_1 - 2\alpha_2)}g^*$$

---

mit A als Konstante. Man erkennt, dass der stationäre Wert $\bar{w}_t^{(*)} - \bar{p}_t^{(*)}$ nur erreicht wird, wenn $|1 - j| < 1$ gilt, was äquivalent mit $0 < j < 2$ ist. Für $j \to \infty$ sind (2.40) und (2.41) also instabil. Üblicherweise bedeutet die Hypothese Rationaler Erwartungen nicht, dass Individuen aus eventuellen Erwartungsfehlern unendlich schnell lernen, sondern dass sie systemkonforme Erwartungen bilden. In diesem Fall heißt das, dass die Individuen die Anpassungsmechanismen der Variablen kennen und damit unter der Bedingung $0 < j < 2$ von vornherein die stationären Werte erwarten. Sollten (2.40) und (2.41) instabil sein, was für $j \to \infty$ der Fall wäre, wäre es alles andere als rational, da nicht systemkonform, $\bar{w}_t^{(*)} = \bar{p}_t^{(*)}$ zu erwarten. Zum Konzept der Rationalen Erwartungen vgl. Muth (1961).

77 Vgl. Gandolfo (^{2}1980, S. 281 f.).
Ich danke Herrn Dr. Georg Zimmermann für wertvolle Hinweise „mathematisch-technischer" Natur, die zur Lösung von Problemen beigetragen haben, welche sich im Zusammenhang mit diesem und mit dem 4. Kapitel aufgetan haben.

78 Zur Vereinfachung wurde wieder $k = 1$ gesetzt.

Der stationäre Zustand ist dadurch gekennzeichnet, dass der Output nicht von seinem natürlichen Wert abweicht. Inflationsrate und Inflationserwartungen stimmen überein und sind in der angegebenen Weise von den exogenen Größen m und $g^{(*)}$ abhängig. Dasselbe Ergebnis erhält man, wenn man das statische System (2.28) – (2.34) für den „neoklassischen Fall" einer vertikalen gesamtwirtschaftlichen Angebotsfunktion löst ($\beta \to 0$). Entsprechend lässt sich das System (2.35) – (2.41) so interpretieren, dass in beiden Volkswirtschaften grundsätzlich Vollbeschäftigung herrscht, eine kurzfristige Produktionsausweitung bei einem entsprechenden fiskal- oder geldpolitischen Impuls um den Preis einer gestiegenen Inflationsrate aber möglich ist.
Ohne die Gleichungen (2.40) und (2.41) sowie die Inflationserwartungen in (2.35) und (2.36) reduziert sich die Dynamik des Systems auf die Variablen y und y^*. In diesem Fall erhält man als partikuläre Lösung ebenfalls Werte, die mit der Lösung von (2.28) – (2.34) übereinstimmen.[79] Allerdings sollte, wenn einerseits eine dynamischen Betrachtung angestellt wird, andererseits aber Anpassungen der Inflationserwartungen nicht berücksichtigt werden, konsequenterweise auch davon ausgegangen werden, dass sich die Volkswirtschaften in einer Unterbeschäftigungssituation befinden, so dass Produktionsausweitungen ohne Preissteigerungen möglich sind ($\beta \to 1$).

Die genannten partikulären Lösungen des dynamischen Systems können sich aber nur einstellen, wenn die komplementären Lösungen für $t \to \infty$ gegen null konvergieren, was dann der Fall ist, wenn für die Eigenwerte r_n, die man als Lösung der charakteristischen Gleichung $|rI - K| = 0$ erhält, $|r_n| < 1$ gilt.[80, 81] Diese Eigenwerte algebraisch darzustellen, erweist sich als nicht praktikabel, so dass es als zweckmäßig erscheint, die Stabilität des Systems für konkrete Parameterwerte zu prüfen, wobei festzuhalten ist, dass sich plausible, nicht negative Parameterwerte finden lassen, die die Stabilitätsbedingung erfüllen (vgl. **Abb. 2.2**[82]). Für den keynesianischen Fall stellt sich die Frage nach der Stabilität des Systems einfacher dar, da hier mit y und y^* lediglich zwei dynamische Variablen vorliegen. Das System reduziert sich zu:

---

79 Vgl. Fn. 71.

80 Zur Lösung simultaner Differenzen- und Differenzialgleichungen vgl. Chiang (^{3}1984, S. 608 ff.). Für Eigenwerte gleich eins wäre die Lösung zwar auch stabil im Sinne von „nicht divergierend", unter Stabilität wird hier aber die Konvergenz zur partikulären Lösung verstanden.

81 Man erhält sechs Eigenwerte, von denen parameterunabhängig zwei gleich null sind, was daran liegt, dass $x_t^{(*)}$ von $w_t^{(*)}$ abhängig ist.

82 Der **Abb. 2.2** liegen die Parameterwerte $b = 0{,}6$, $j = k = 1$, $\alpha_1 = 0{,}3$, $\alpha_2 = 0{,}2$, $\alpha_4 = 0{,}1$ und $\beta = 0{,}5$ mit den Anfangsbedingungen $y_0 = y_0^* = 0$, $w_0 = w_0^* = 0$ sowie $w_1 = 1$ und $w_1^* = -1$ zugrunde.

$$
(2.43)\quad
\begin{pmatrix} 1 & 0 \\ 0 & 1 \end{pmatrix}
\begin{pmatrix} y_{t+1} \\ y^*_{t+1} \end{pmatrix}
-
\begin{pmatrix}
-\frac{\alpha_1\varphi}{b} & \frac{\alpha_4 b-\alpha_1(1-\varphi)}{b} \\
\frac{\alpha_4 b-\alpha_1\varphi}{b} & \frac{-\alpha_1(1-\varphi)}{b}
\end{pmatrix}
\begin{pmatrix} y_t \\ y^*_t \end{pmatrix}
=
\begin{pmatrix}
\frac{\alpha_1}{b}m_t + g_t - \frac{\alpha_1\varphi+\alpha_2 b}{b}w_t + \frac{\alpha_2 b-\alpha_1(1-\varphi)}{b}w^*_t \\
\frac{\alpha_1}{b}m_t + g^*_t + \frac{\alpha_2 b-\alpha_1\varphi}{b}w_t - \frac{\alpha_1(1-\varphi)+\alpha_2 b}{b}w^*_t
\end{pmatrix}
$$

Die Eigenwerte des Systems lauten:

$$
(2.44)\quad
\begin{aligned}
r_1 &= -\alpha_4 \\
r_2 &= \frac{\alpha_4 b-\alpha_1}{b}
\end{aligned}
$$

Da es für die Stabilität erforderlich ist, dass beide Eigenwerte betragsmäßig kleiner als eins sind, ist es notwendig, dass $\alpha_4 = \frac{im}{1-c} < 1$ gilt. Diese Überlegungen zeigen, dass die erforderliche Konsistenz zwischen statischem und dynamischem Modell für bestimmte plausible Parameterwerte gegeben ist.
Es wurde bereits darauf hingewiesen, dass die Wechselkurse in den hier betrachteten Festkurssystemen als glaubwürdig fixiert angenommen werden. Aus diesem Grund spielen auch diesbezügliche Änderungserwartungen keine Rolle. Anders verhält es sich jedoch, wenn von flexiblen Wechselkursen ausgegangen wird, wenn auch „im traditionellen keynesianischen Paradigma für die offene Volkswirtschaft (Mundell-Fleming-Ansatz) entweder eine erwartete Abwertungsrate von null angenommen (statische Wechselkurserwartungen) oder aber von einer stabilisierenden Erwartungsbildungshypothese mit exogen vorgegebenem zukünftigen Wechselkurs ausgegangen" wird.[83]
Werden für das System flexibler Wechselkurse Wechselkursänderungserwartungen in die Überlegungen mit einbezogen, lautet die Bedingung für die ungedeckte Zinsparität unter der Bedingung, dass der erwartete zukünftige Wechselkurs mit dem tatsächlichen übereinstimmt:

$$
(2.45)\quad i_t = i^*_t + \left(e_{t+1} - e_t\right)
$$

[83] Wohltmann (1993, S. 75). Bislang wurde im System flexibler Wechselkurse implizit von der ersten Alternative ausgegangen.

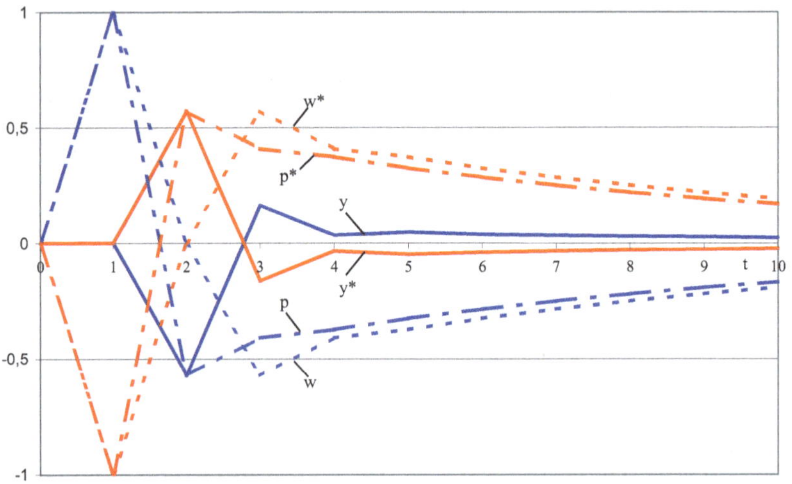

Abb. 2.2 *Dynamischer Anpassungsprozess des Makrosystems für* $w_0 = w_0^* = 0$, $w_1 = 1$, $w_1^* = -1$, $y_0 = y_0^* = 0$ *und* $m_t = g_t = g_t^* = 0$.

Wenn in- und ausländische Wertpapiere also vollkommene Substitute sein sollen, dann müssen sie die gleiche Rendite erwirtschaften. Wird erwartet, dass die heimische Währung abwertet, muss der heimische Zins steigen, um die Indifferenz zwischen in- und ausländischen Anlagen wieder zu gewährleisten. Um die Idee deutlich zu machen, die Komplexität des Modells aber in Grenzen zu halten, sollen die Gleichungen (2.35) und (2.36) in der unten angegebenen Weise modifiziert werden:

(2.46) $$y_t = -\alpha_1 (i_t - w_{t+1}) + \alpha_2 (e_t + p_t^* - p_t) + g_t + \alpha_4 y_t^*$$

(2.47) $$y_t^* = -\alpha_1 (i_t^* - w_{t+1}^*) - \alpha_2 (e_t + p_t^* - p_t) + g_t^* + \alpha_4 y_t$$

Das Geldmarktgleichgewicht ist nunmehr durch

(2.48) $$m = -bi_t + ky_t + p_t$$

(2.49) $$m^* = -bi_t^* + ky_t^* + p_t^*$$

bestimmt. Die Angebotsseite bleibt durch die bisher verwendeten Zusammenhänge charakterisiert.

(2.50) $$p_t = \frac{1-\beta}{\beta} y_t + w_t$$

(2.51) $$p_t^* = \frac{1-\beta}{\beta} y_t^* + w_t^*$$

(2.52) $$w_{t+1} - w_t = j(p_t - w_t)$$

(2.53) $$w_{t+1}^{*} - w_t^{*} = j\left(p_t^{*} - w_t^{*}\right)$$

Ganz analog zu den oben betrachteten Fällen erhält man die partikuläre Lösung, indem $e_{t+1} = e_t$ und $w_{t+1}^{(*)} = w_t^{(*)}$ gesetzt werden:

$$\bar{y} = \bar{y}^{*} = 0$$

$$\bar{p} = \bar{w} = \frac{2-b}{2(1-b)}m + \frac{b}{2(1-b)}m^{*} + \frac{b}{2\alpha_1(1-b)}g + \frac{b}{2\alpha_1(1-b)}g^{*}$$

(2.54) $$\bar{p}^{*} = \bar{w}^{*} = \frac{2-b}{2(1-b)}m^{*} + \frac{b}{2(1-b)}m + \frac{b}{2\alpha_1(1-b)}g^{*} + \frac{b}{2\alpha_1(1-b)}g$$

$$\bar{i} = \bar{i}^{*} = \frac{1}{2(1-b)}m + \frac{1}{2(1-b)}m^{*} + \frac{1}{2\alpha_1(1-b)}g + \frac{1}{2\alpha_1(1-b)}g^{*}$$

$$\bar{e} = \frac{2\alpha_2 - \alpha_1}{2\alpha_2}m - \frac{2\alpha_2 - \alpha_1}{2\alpha_2}m^{*} - \frac{1}{2\alpha_2}g + \frac{1}{2\alpha_2}g^{*}$$

Die komplementäre Lösung erhält man, indem das Gleichungssystem (2.45) bis (2.53) in den Bewegungsgleichungen e_t und $w_t^{(*)}$ dargestellt wird. Die Eigenwerte müssen dann wieder anhand konkreter Parameterwerte ermittelt werden. Legt man beispielsweise die Parameterwerte von **Abb. 2.2** zugrunde, erhält man zwei Eigenwerte, von denen einer kleiner als eins und einer größer als eins ist. Da üblicherweise angenommen wird, dass der nominale Wechselkurs unmittelbar auf exogene Störungen reagieren kann, also als nicht prädeterminierte Sprungvariable angesehen wird, während sich die Inflationserwartungen als prädeterminierte Variablen kontinuierlich anpassen, bezeichnet man das System als sattelpunktstabil.[84]

2.2 Niveaugrößen oder Wachstumsraten?

Wenn von wirtschaftspolitischen Zielgrößen die Rede ist, fallen eher Begriffe wie „Inflationsrate" und „(Wirtschafts-)Wachstum" als „Preisniveau" und „Outputniveau". Als Indikatoren der wirtschaftlichen Entwicklung werden also prozentuale Veränderungen als relevant angesehener Variablen *in der Zeit* angesehen, nicht so sehr deren Niveaugrößen bzw. prozentuale Abweichung der Niveaugrößen von einem nominalen Anker $\bar{P}$ oder einem realen Anker $\bar{Y}$. Daher stellt sich die Frage nach dem Zusammenhang von Niveaugrößen und Wachstumsraten in der Zeit in den hier behandelten Modellen.

Die Modellgleichungen der in dieser Arbeit verwendeten Makrosysteme wurden aus dem totalen Differenzial allgemeiner funktionaler Zusammenhänge hergeleitet. Eine andere Möglichkeit, zu denselben linearen Funktionen zu gelangen ist es, beispielsweise für den Geldmarkt folgenden Zusammenhang zu unterstellen:

---

84 Vgl. Wohltmann (1993, S. 77). Auf das Konzept der Sattelpunktstabilität wird auch auf S. 112 noch näher eingegangen.

(2.55) $\frac{M}{P} = L(Y,i)$, mit $L(Y,i) = Y^k e^{-bi}$

Logarithmiert man diesen Ausdruck, so erhält man die bereits bekannte Gleichung:

(2.56) $m = -bi + ky + p$

Da näherungsweise

(2.57) $a \equiv \frac{dA}{\overline{A}} = \frac{A - \overline{A}}{\overline{A}} \approx \ln A - \ln \overline{A}$

gilt,[85] können beide Herleitungen auch als „näherungsweise identisch" betrachtet werden.[86] Der Vorteil der Herleitung mittels totaler Differenzierung ist, dass man von einem recht allgemeinen funktionalen Zusammenhang der Niveaugrößen ausgehen kann, während die logarithmische Herleitung spezielle funktionale Zusammenhänge erfordert, die nicht unbedingt ökonomisch motiviert scheinen. Vorteil der logarithmischen Herleitung wiederum ist, dass die Differenz zweier logarithmierter Größen annähernd der prozentualen Änderung der Niveaugröße entspricht. Diesen Zusammenhang kann man sich zunutze machen, wenn man die prozentuale Veränderung einer Variablen in der Zeit beschreiben will. Es gilt wiederum:

(2.58) $\dot{a} \equiv \frac{A_t - A_{t-1}}{A_{t-1}} \approx \ln A_t - \ln A_{t-1} = a_t - a_{t-1}$

Wachstumsraten in der Zeit können also als erste Differenzen der logarithmischen Variablen in der Zeit betrachtet werden.[87] Auf die Inflationsrate bezogen heißt das, dass diese ungefähr der prozentualen Veränderung des Preisniveaus in t von seinem Ausgangswert abzüglich der prozentualen Veränderung des Preisniveaus in $t-1$ von seinem Ausgangswert entspricht. Die Konsequenzen daraus sollen an einer vereinfachten Version des hier verwendeten Modells verdeutlicht werden. Das (atemporale) System

(2.59)
$$y = -\alpha_1 i + g$$
$$m = -bi + ky + p$$
$$p = \frac{1-\beta}{\beta} y$$

hat die Lösung:

(2.60)
$$\overline{y} = \frac{\alpha_1 \beta}{\Omega} m + \frac{b\beta}{\Omega} g$$
$$\overline{p} = \frac{\alpha_1 (1-\beta)}{\Omega} m + \frac{b(1-\beta)}{\Omega} g$$

---

85 Je kleiner die prozentuale Abweichung von A von $\overline{A}$ ist, desto genauer die Approximation.

86 Vgl. Wagner ([5]1998, S. 326 f.).

87 Vgl. Wagner ([5]1998, S. 304, Fn. 62).

$$\bar{i} = -\frac{\beta}{\Omega}m + \frac{\beta(k-1)+1}{\Omega}g\text{, mit } \Omega = \alpha_1\left(\beta(k-1)+1\right)+b\beta > 0$$

Mit Zeitindizes versehen und mit entsprechenden Umformungen erhält man daraus:

$$\begin{aligned} y_t - y_{t-1} &= \frac{\alpha_1\beta}{\Omega}(m_t - m_{t-1}) + \frac{b\beta}{\Omega}(g_t - g_{t-1}) \\ p_t - p_{t-1} &= \frac{\alpha_1(1-\beta)}{\Omega}(m_t - m_{t-1}) + \frac{b(1-\beta)}{\Omega}(g_t - g_{t-1}) \qquad (2.61) \\ i_t - i_{t-1} &= -\frac{\beta}{\Omega}(m_t - m_{t-1}) + \frac{\beta(k-1)+1}{\Omega}(g_t - g_{t-1}) \end{aligned}$$

Für das System

$$\begin{aligned} p_t - p_{t-1} &= \frac{1-\beta}{\beta}(y_t - y_{t-1}) \\ y_t - y_{t-1} &= -\alpha_1 i + (g_t - g_{t-1}) \qquad (2.62) \\ m_t - m_{t-1} &= -b(i_t - i_{t-1}) + k(y_t - y_{t-1}) + (p_t - p_{t-1}) \end{aligned}$$

erhält man die gleiche Lösung wie (2.61). Die Koeffizienten des in Wachstumsraten formulierten Modells entsprechen denen der Lösung des atemporalen Systems (2.60). Aus diesem Grund ist es zulässig, die Variablen der hier untersuchten Makrosysteme als Wachstumsraten in der Zeit zu interpretieren.[88] Auf eine andere Notation – wie beispielsweise $\dot{y}$ anstelle von y – kann dabei verzichtet werden.

2.3 Komparative Statik der Währungssysteme im Vergleich

Die Lösungen des Modells für die Währungsunion, Wechselkursunion und flexible Wechselkurse, die sich aus dem Gleichungssystem (2.28) – (2.34) ergeben, sind in reduzierter Form in den **Tab. 2.1** bis **2.3** wiedergegeben. Da die Wirkungsmechanismen für die anschließenden spieltheoretischen Untersuchungen bedeutsam sind, sollen diese im Folgenden näher erläutert werden.

---

[88] Die Interpretation der Variablen als Wachstumsgrößen macht aus den Modellgleichungen jedoch noch kein dynamisches System. Dazu sind noch Verhaltensannahmen bezüglich der Anpassung einzelner Größen hin zu einem neuen Gleichgewicht nötig, wie dies zuvor gezeigt wurde.

Tab. 2.1 *Vorzeichen Multiplikatoren Währungsunion.*

	dm	dg	dg^*	dw	dw^*
dy	+	+	? $(0 \leq \varphi < 1)$ + $(\varphi = 1)$	–	? $(0 \leq \varphi < 1)$ + $(\varphi = 1)$
dy^*	+	? $(0 < \varphi \leq 1)$ + $(\varphi = 0)$	+	? $(0 < \varphi \leq 1)$ + $(\varphi = 0)$	–
dp	+	+	? $(0 \leq \varphi < 1)$ + $(\varphi = 1)$	+	? $(0 \leq \varphi < 1)$ + $(\varphi = 1)$
dp^*	+	? $(0 < \varphi \leq 1)$ + $(\varphi = 0)$	+	? $(0 < \varphi \leq 1)$ + $(\varphi = 0)$	+
di	–	+	+	+ $(0 \leq \varphi \leq 0{,}5)$? $(0{,}5 < \varphi \leq 1)$	? $(0 \leq \varphi < 0{,}5)$ + $(0{,}5 \leq \varphi \leq 1)$

Tab. 2.2 *Vorzeichen Multiplikatoren Wechselkursunion mit Leitwährung.*

	dm	dg	dg^*	dw	dw^*
dy	+	+	+	–	+
dy^*	+	?	+	?	–
dp	+	+	+	+	+
dp^*	+	?	+	?	+
di	–	+	+	?	+
dm^*	+	–	+	?	?

Tab. 2.3 *Vorzeichen Multiplikatoren System flexibler Wechselkurse.*

	dm	dm^*	dg	dg^*	dw	dw^*
dy	+	–	+	+	–	+
dy^*	–	+	+	+	+	–
dp	+	–	+	+	+	+
dp^*	–	+	+	+	+	+
di	–	–	+	+	+	+
de	+	–	–	+	?	?

2.3.1 Geldpolitik

Unter den getroffenen Modellannahmen wirkt sich eine Geldmengenexpansion in einer Währungsunion und in einer Wechselkursunion nicht nur vorzeichenmäßig, sondern vermittelt über identische Multiplikatoren auch in gleichem Ausmaß auf die endogenen Variablen aus. In der Wechselkursunion muss die ausländische Geldpolitik die inländische nachvollziehen, ohne einen eigenen Handlungsspielraum zu haben ($\frac{dm^*}{dm} = 1$).[89] Insofern ergibt sich für die Geldpolitik bei festen Wechselkursen die gleiche Symmetrie, wie sie auch in einer Währungsunion gilt: Geldpolitik wirkt dort über den gemeinsamen Geldmarkt (2.12) auf beide Länder gleichermaßen.[90] Trotz gleicher Multiplikatoren der Geldpolitik ist die Existenz von nationalen Währungen in Verbindung mit einem Leitwährungssystem noch bedeutsam, wie die Untersuchung der übrigen Multiplikatoren zeigt.

Bei flexiblen Wechselkursen gilt, dass die positive Wirksamkeit einer expansiven inländischen (ausländischen) Geldpolitik auf das eigene Volkseinkommen, bedingt durch den Abwertungseffekt, höher ist als in den Festkurssystemen. Anders als in den Festkurssystemen überträgt sich ein Geldmengenimpuls nicht dergestalt auf den Geldmarkt des jeweils anderen Landes, dass die Lage dessen LM -Kurve beeinflusst würde, da dieser Impuls durch entsprechende Wechselkursvariationen absorbiert wird. Durch diese Anpassung des Wechselkurses verändert sich die Wettbewerbsfähigkeit der Volkswirtschaften, so dass es zu einem Substitutionseffekt zwischen inländischen und ausländischen Gütern kommt. Der Einkommenseffekt einer expansiven heimischen Geldpolitik auf das jeweils andere Land ist demnach eindeutig negativ (*„beggar-thy-neighbor"*), und der Zinssenkungseffekt ist nicht so hoch wie in den Festkurssystemen (vgl. **Abb. 2.4**).

Abb. 2.3 zeigt die Auswirkungen eines expansiven geldpolitischen Impulses mit dem Inland als Leitwährungsland. Es wird deutlich, dass Geldpolitik in beiden Ländern symmetrisch wirkt. Für eine Währungsunion ergibt sich das gleiche Bild. Die symmetrische Wirkung der Geldpolitik ist von der relativen Größe unabhängig.

Zur Darstellungsweise ist anzumerken, dass bei Abbildungen, die sich auf die Währungssysteme Wechselkursunion und flexible Wechselkurse beziehen, das

---

[89] Die Relation $\frac{dm^*}{dm} = 1$ ist von der Annahme unendlicher Kapitalmobilität unabhängig. Für eine endliche Kapitalmobilität sind in einer Wechselkursunion zwar unterschiedliche Zinssätze in In- und Ausland möglich (beispielsweise bedingt durch Schocks oder Fiskalpolitik) aber keine vom Leitwährungsland unabhängige Geldpolitik. Annahmegemäß übt das Inland die Leitwährungsfunktion aus. Diese Annahme ist selbstverständlich völlig beliebig.

[90] Länderspezifische Transmissionsmechanismen werden nicht berücksichtig. Vgl. dazu z.B. Dornbusch et al. (1998) oder Clausen (2002).

Geldmarktgleichgewicht im Ausland als LM^* bezeichnet wird. Da es in einer Währungsunion nur einen Geldmarkt und ein Geldmarktgleichgewicht gibt, wird für auf das Inland wie auf das Ausland bezogene Darstellungen gleichermaßen die Bezeichnung LM verwendet. Die horizontalen Zinslinien in den Abbildungen können als geometrischer Ort aller Zahlungsbilanzgleichgewichte interpretiert werden.[91]

---

[91] Es wurde bereits gezeigt, dass der Umstand, dass im Gleichgewicht stets $i = i^*$ gelten muss, darauf zurückzuführen ist, dass unendliche Kapitalmobilität unterstellt wurde (vgl. (2.15) und die folgenden Ausführungen). Während in einer Wechselkursunion durchaus eine „endliche" Kapitalmobilität mit unterschiedlichen gleichgewichtigen Nominalzinsen in In- und Ausland denkbar ist, ist dieser Fall für die Währungsunion schon deswegen unrealistisch, weil die Abschaffung aller Kapitalverkehrskontrollen eine wichtige *Voraussetzung* für die Bildung einer Währungsunion war. Für den theoretischen Fall einer Währungsunion mit endlicher Kapitalmobilität wären jedoch unterschiedliche Zinsen denkbar, wie folgendes Modell zeigt:

(I) $$y = -\alpha_1 i + g + \alpha_4 \left(y^* - y\right)$$

(II) $$y^* = -\alpha_1 i^* + g^* + \alpha_4 \left(y - y^*\right)$$

(III) $$m^g = \varphi\left(-bi + y\right) + \left(1 - \varphi\right)\left(-bi^* + y^*\right)$$

(IV) $$\kappa\left(i - i^*\right) + \alpha_4 \left(y^* - y\right) = 0$$

Subtrahiert man die Lösungen für In- und Auslandszins, erhält man:

(V) $$\bar{i} - \bar{i}^* = \frac{\alpha_4 \left(g - g^*\right)}{\alpha_1 \alpha_4 + \kappa\left(1 + 2\alpha_4\right)}$$

Man erkennt, dass Geldpolitik unabhängig vom Ausmaß der Kapitalmobilität zu einheitlichen Zinsen führen muss, eine Zinsdifferenz infolge national unterschiedlicher Fiskalpolitik aber nur dann gegen null konvergiert, wenn $\kappa \to \infty$ angenommen wird. Wenn in den Abbildungen, die sich auf das Ausland in der Währungsunion beziehen, die entsprechende Achse trotz $i = i^*$ mit i^* bezeichnet wird, soll dem Umstand Rechnung getragen werden, dass infolge asymmetrischer exogener Einflüsse „kurzfristig" Zinsdifferenzen möglich sind, die die Kapitalströme, die zu $i = i^*$ führen, erst auslösen.

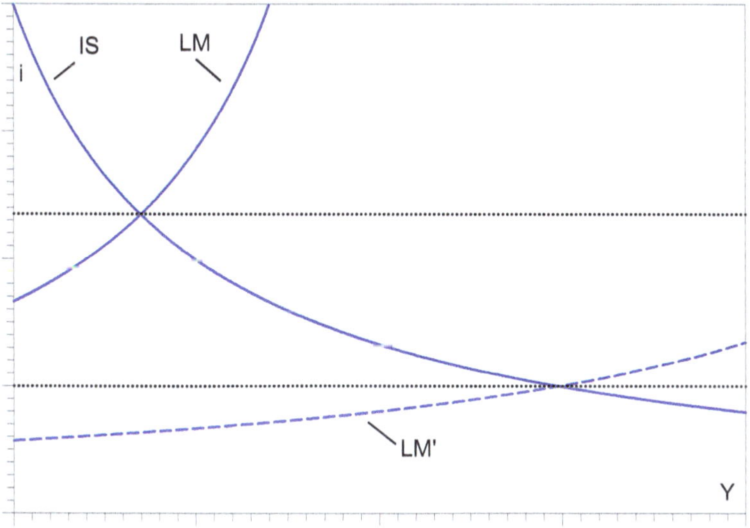

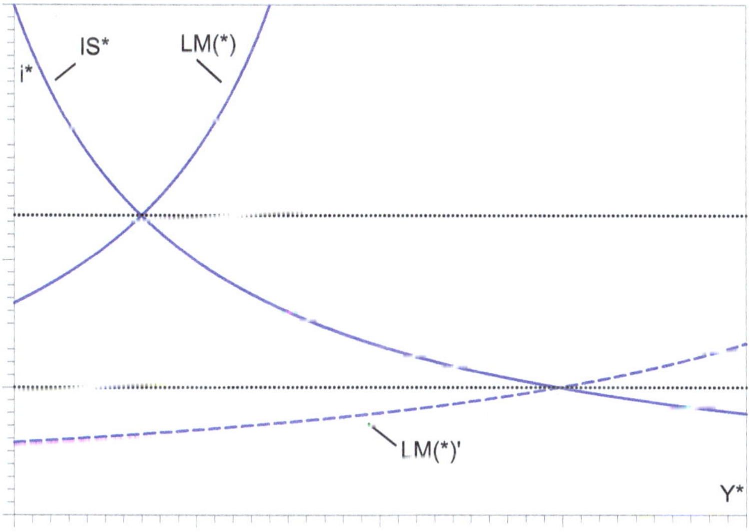

Abb. 2.3 *IS-LM-System in der Wechselkursunion bzw. Währungsunion; Auswirkungen eines expansiven Geldmengenimpulses im In- bzw. Ausland.*

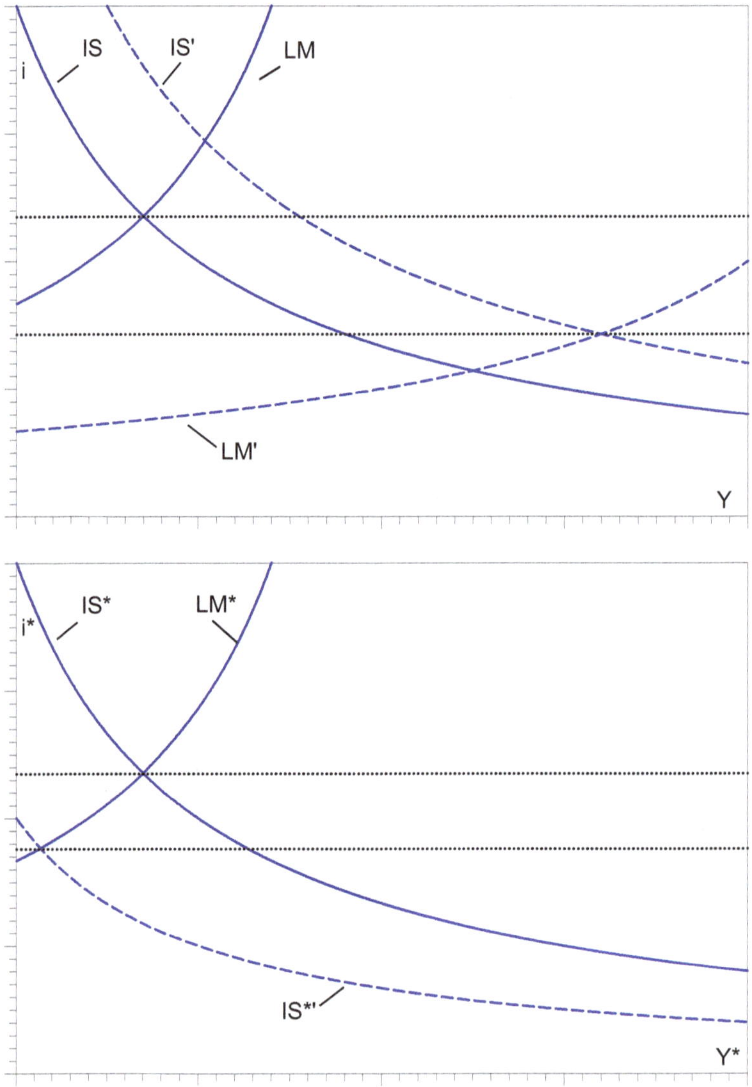

Abb. 2.4 *IS-LM-System bei flexiblen Wechselkursen; Auswirkungen eines expansiven inländischen Geldmengenimpulses im In- bzw. Ausland.*

2.3.2 Fiskalpolitik

Ein positiver heimischer Fiskalimpuls wirkt in allen betrachteten Währungssystemen expansiv auf das heimische Einkommen. In einer Wechselkursunion bewirken steigende inländische Staatsausgaben eine Rechtsverschiebung der IS-Kurve und – vermittelt über die Importelastizität des Einkommens – eine Rechtsverschiebung der IS^*-Kurve, die das α_4-fache der IS-Verschiebung beträgt, also geringer ist. Demnach kommt es zu einer (hypothetischen)[92] temporären Zinsdifferenz ($i - i^* > 0$), die zu Kapitalexporten vom Ausland in das Leitwährungsland führen müsste, mit einer Abwertungstendenz der ausländischen Währung. Da Wechselkursänderungen jedoch ausgeschlossen sind und dem Ausland annahmegemäß die Stützung des Wechselkurses obliegt, muss die ausländische Notenbank eine monetäre Kontraktion betreiben, um den Kapitalexport zu verhindern. Der Nettoeffekt eines expansiven inländischen Fiskalimpulses auf das Auslandseinkommen ist von der Theorie her vorzeichenmäßig unbestimmt (**Abb. 2.5**).[93]

Eine expansive Fiskalpolitik des Auslandes in einer Wechselkursunion verschiebt ebenfalls beide IS-Kurven nach rechts, diesmal IS nur um das α_4-fache der IS^*-Verschiebung. Der (hypothetische) temporäre Auslandszins wäre höher als der Inlandszins. Diesmal muss die ausländische Notenbank mit einer expansiven Geldpolitik antworten, um eine Abwertung der Inlandswährung zu verhindern. Der Nettoeffekt einer ausländischen expansiven Fiskalpolitik auf Inlands- und Auslandseinkommen ist eindeutig positiv (**Abb. 2.6**). Betrachtet man die Auswirkungen einer expansiven ausländischen Fiskalpolitik in einer Währungsunion für den Grenzfall $\varphi = 1$, so erhält man die gleichen Multiplikatoren – und demnach auch die gleiche Grafik – wie im zuvor untersuchten Fall der Wechselkursunion. Die Interpretation der LM-Verschiebung im Ausland ist jedoch eine andere. Während die ausländische Notenbank in der Wechselkursunion die monetäre Anpassung tragen muss, ist sie dazu aufgrund der supranationalen Geldpolitik in der Währungsunion nicht mehr in der Lage, da ihr bestenfalls noch die Rolle eines ausführenden Organs zukommt. Der expansive ausländische Fiskalimpuls führt zu einem Zinsanstieg in beiden Volkswirtschaften, im Ausland mehr als im Inland. Infolgedessen kommt es zu einem Kapitalexport des Inlandes in das Ausland. Im Unterschied zur Wechselkursunion bedeutet eine monetare Expansion in einem Land immer eine monetäre Kontraktion im anderen Land. Da φ jedoch als Chiffre für die Größe eines Landes innerhalb der Währungsunion zu sehen ist, besagt der Grenzfall $\varphi = 1$, dass das Ausland in Relation zum Inland eine „unendlich" kleine Volkswirtschaft darstellt. Der Kapitalex-

---

92 Aufgrund der Annahme vollkommener Kapitalmobilität erfolgen die Anpassungen unmittelbar (Vgl. Fn. 91).

93 Eine empirische Untersuchung von Welsch (2000) legt nahe, dass der spillover-Effekt eines heimischen expansiven Fiskalimpulses eher negativ ist.

port vom „großen“ Inland in das „kleine“ Ausland bewirkt einen expansiven Geldmengeneffekt im Ausland. Die entsprechende monetäre Kontraktion im Inland infolge des Kapitalabflusses ist jedoch dort nicht spürbar, und die Lage der LM -Kurve bleibt unverändert.
Modifiziert man oben genannte Annahme bezüglich der Größenverhältnisse der an der Währungsunion beteiligten Volkswirtschaften, wird der Zusammenhang von Kapitalexport und monetärer Kontraktion deutlich: Ausgangssituation sei erneut eine expansive ausländische Fiskalpolitik, die die Lage der IS -Kurve um das α_4-fache der IS^*-Verschiebung variiert. Geht man von gleich großen Volkswirtschaften aus ($\varphi = 0,5$), so verschiebt sich die LM -Kurve im Ausland nach rechts und die LM -Kurve im Inland betragsmäßig gleich nach links. Die vorzeichenmäßige Wirkung auf das Inlandseinkommen ist unbestimmt, die auf das Auslandseinkommen ist positiv (**Abb. 2.7**).[94]
Bei flexiblen Wechselkursen ergeben sich für alle fiskalpolitischen Einkommensmultiplikatoren nicht nur positive Vorzeichen, sondern auch gleiche Beträge ($\frac{dy}{dg} = \frac{dy^*}{dg} = \frac{dy^*}{dg^*} = \frac{dy}{dg^*}$), was dadurch bedingt ist, dass die Kapitalbewegungen, die die entsprechenden Fiskalimpulse nach sich ziehen, keinen Einfluss auf die Lage von $LM^{(*)}$ haben und die Größenverhältnisse der Volkswirtschaften demnach für die Multiplikatoren keine Rolle spielen. Die einzelnen Effekte expansiver Fiskalpolitik bei flexiblen Wechselkursen sind am Beispiel eines positiven ausländischen Fiskalimpulses dargestellt (**Abb. 2.8**). Der primäre Effekt auf Inlands- bzw. Auslandseinkommen ist durch IS' bzw. $IS^{*}{}'$ bezeichnet. Der im Vergleich zum Inlandszins temporär höhere Auslandszins bewirkt einen Nettokapitalexport vom Inland in das Ausland, der eine Aufwertung der Auslandswährung zur Folge hat. Diese Veränderung der relativen Wettbewerbspositionen bewirkt eine betragsmäßig gleiche Rechtsverschiebung von IS' bzw. Linksverschiebung von $IS^{*}{}'$ auf IS'' bzw. $IS^{*}{}''$.
Ein Ansteigen der Einkommenselastizität des realen Wechselkurses α_2 hat in den beiden Festkurssystemen zur Folge, dass die Wirksamkeit der Fiskalpolitik abnimmt: Ein expansiver Fiskalimpuls bewirkt bei einer positiv geneigten Angebotsfunktion eine Preissteigerung, die einen Verlust an Wettbewerbsfähigkeit impliziert, welcher den expansiven Effekt der Fiskalpolitik umso mehr abschwächt, je größer α_2 ist. Entsprechend gilt für den keynesianischen Fall einer horizontalen gesamtwirtschaftlichen Angebotsfunktion, dass die Wirksamkeit der Fiskalpolitik von α_2 unabhängig ist.

---

94 Die Tatsache, dass sich diese entgegengerichteten Verschiebungen zu null addieren, liegt an der Annahme, dass $\varphi = 0,5$ gewählt wurde. Für andere Größenverhältnisse ist dies nicht der Fall, wie man auch schon für den Fall $\varphi = 1$ sehen konnte.

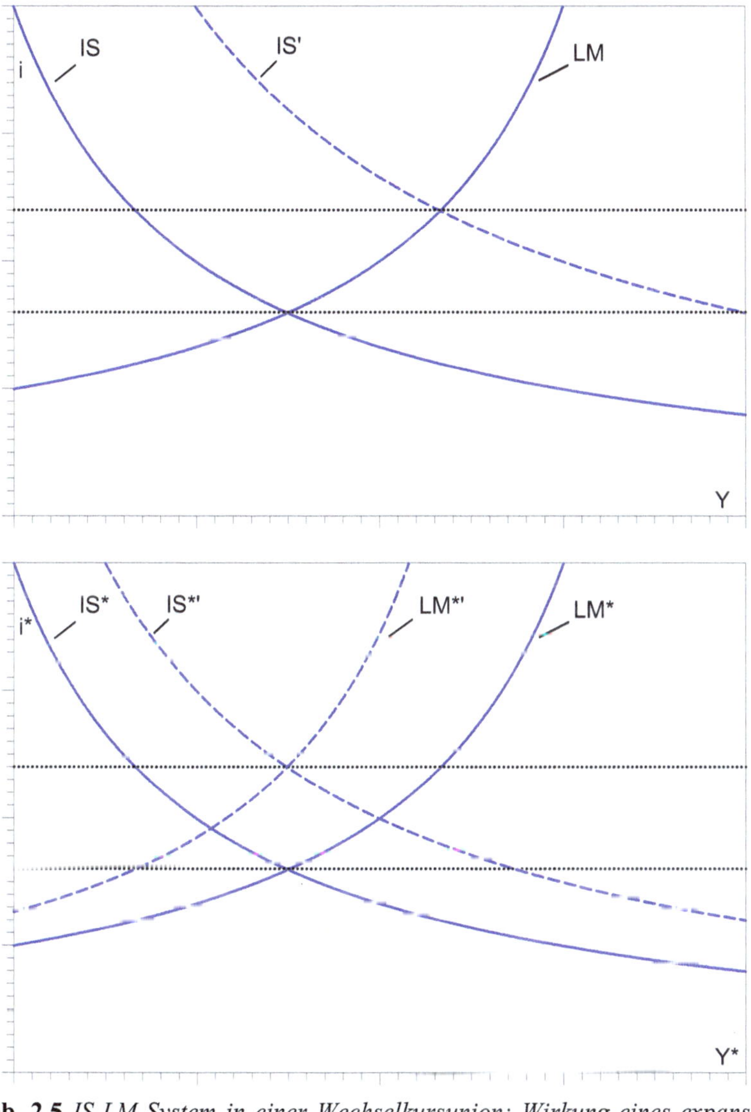

Abb. 2.5 *IS-LM-System in einer Wechselkursunion; Wirkung eines expansiven inländischen Fiskalimpulses.*

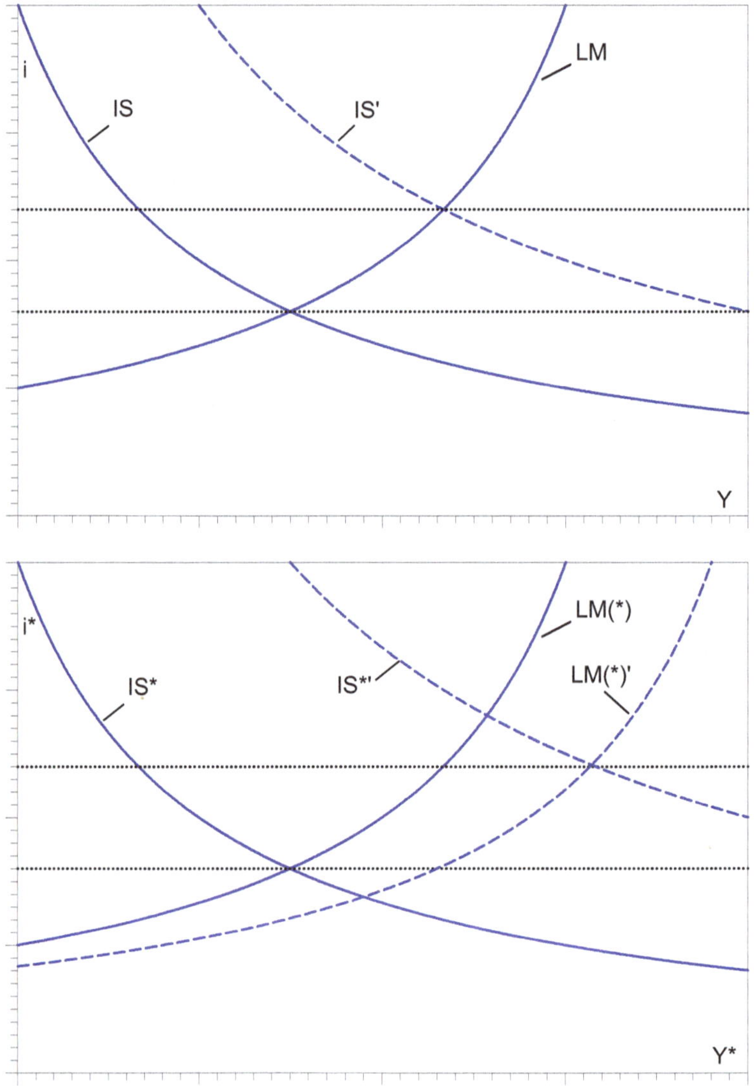

Abb. 2.6 *IS-LM-System in einer Wechselkursunion; Wirkung eines expansiven ausländischen Fiskalimpulses. Für die Währungsunion ergibt sich bei* $\varphi = 1$ *das gleiche Bild.*

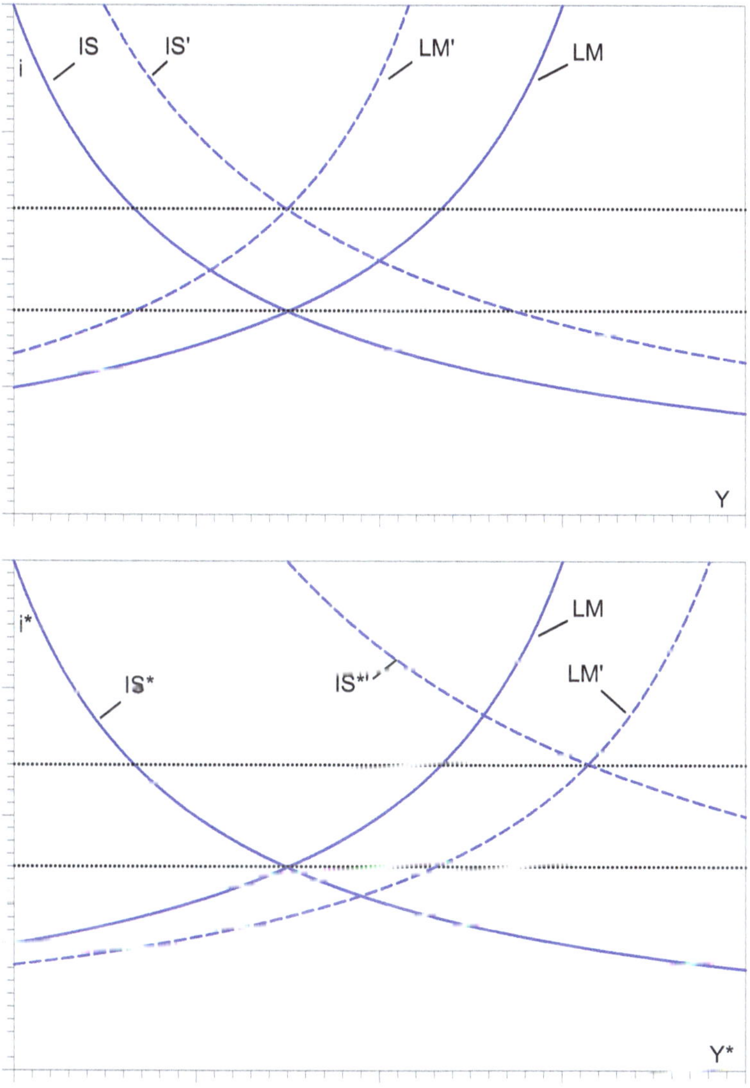

Abb. 2.7 *IS LM-System in einer Währungsunion; Wirkung eines expansiven ausländischen Fiskalimpulses für* $\varphi = 0,5$.

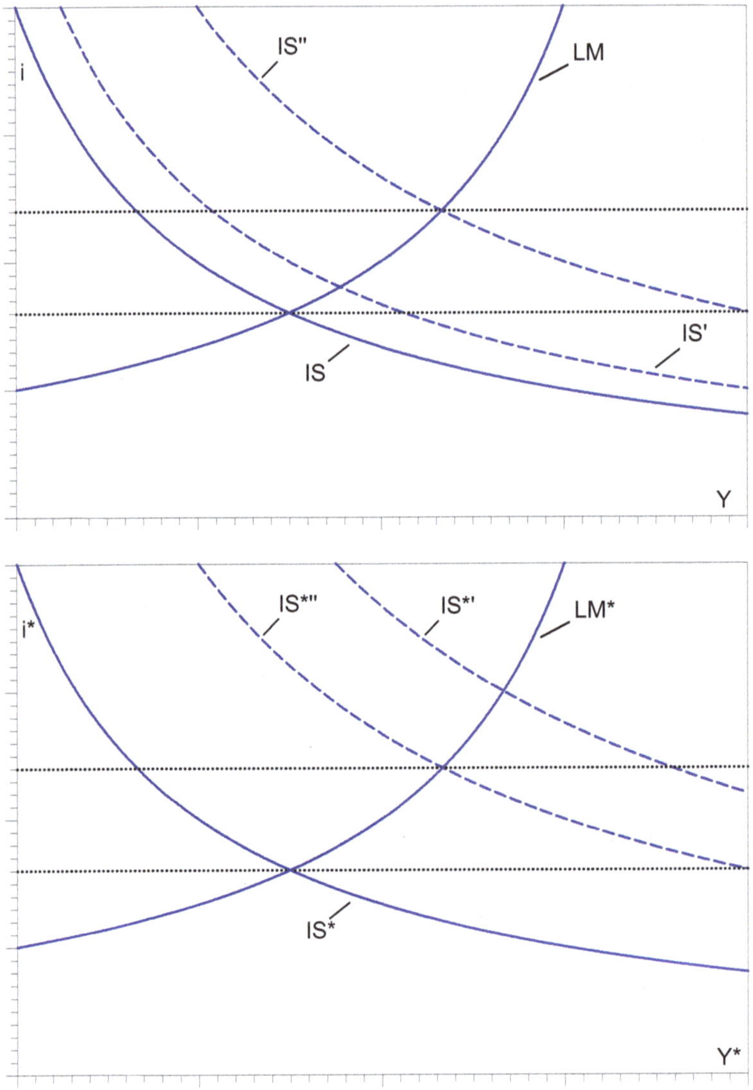

Abb. 2.8 *IS-LM-System bei flexiblen Wechselkursen; Wirkung eines expansiven ausländischen Fiskalimpulses.*

2.3.3 Angebotsstörungen

In allen drei Währungssystemen wirkt ein heimischer Angebotsschock aufgrund der gesunkenen Wettbewerbsfähigkeit eindeutig negativ auf das heimische Volkseinkommen.[95] Andererseits gilt jedoch nicht in allen Systemen, dass sich der Verlust an Wettbewerbsfähigkeit der einen Volkswirtschaft in einem gestiegenen Volkseinkommen der anderen Volkswirtschaft niederschlägt. Dies wäre nur in einer Wechselkursunion bzw. in einem System flexibler Wechselkurse parameter-unabhängig der Fall. In einer Währungsunion ist der Effekt vorzeichenmäßig unbestimmt.

Ausgehend von einem Gleichgewicht ohne Störungen, bewirkt eine ausländische Angebotsstörung in einer Währungsunion eine Substitution der Nachfrage von ausländischen zu inländischen Gütern, also eine betragsmäßig gleiche Rechtsverschiebung der IS-Kurve bzw. eine Linksverschiebung der IS^*-Kurve (vgl. **Abb. 2.9**).[96] Bezüglich der LM-Kurve können zwei Effekte isoliert werden: Zum einen der unmittelbar durch den Schock ausgelöste negative Realkassen-Zins-Effekt, der vom Außenhandel unabhängig ist, in beiden Volkswirtschaften betragsmäßig gleich kontraktiv und um so negativer auf die Güternachfrage wirkt, je größer der Anteil des Auslandes an der gesamten Geldnachfrage ist (LM'). Der andere Effekt hängt mit den Güterströmen und mit den relativen Größenverhältnissen der Volkswirtschaften zusammen und wirkt kontraktiv auf das Auslands- bzw. expansiv auf das Inlandseinkommen (LM''): Da die durch die Veränderung der relativen Wettbewerbsfähigkeit und die dadurch bedingte Verschiebung der Nachfrage entstandene Zinsdifferenz (mit einem im Vergleich zum Inland niedrigeren Auslandszins) in einer Währungsunion keinen Bestand haben kann, kommt es zu einem Kapitalabfluss vom Ausland in das Inland, bis die Zinsparität wieder hergestellt ist. Das Ausmaß der dadurch bedingten monetären Kontraktion bzw. Expansion im Ausland bzw. Inland hängt positiv von der Wechselkurselastizität des Einkommens ab. Je größer zudem das Inland im Vergleich zum Ausland ist, desto stärker fällt einerseits die monetäre Kontraktion im Ausland aus, desto geringer wirkt sich andererseits aber im „großen" Inland die durch den Kapitalzufluss aus dem „kleinen" Ausland bedingte monetäre Expansion auf das inländische Einkommen aus. Für die Wechselkursunion mit dem

---

95 Angebotsschocks sind hier Preisschocks, die die gesamtwirtschaftliche Angebotsfunktion vertikal verschieben. Eine andere Art von Angebotsstörungen kann durch eine gesamtwirtschaftliche Angebotsfunktion vom Typ $y^{(*)} = \alpha p^{(*)} + \varepsilon^{(*)}$ modelliert werden. Hier würden Angebotsstörungen auf den inflationsstabilen Output wirken, die gesamtwirtschaftliche Angebotsfunktion würde sich mithin horizontal verschieben.

96 Diese Argumentationen gehen implizit davon aus, dass Angebotsschocks die einzige Ursache von Preissteigerungen sind. Dies ist unter keynesianischen Annahmen ($\beta \to 1$) der Fall. Eine Berücksichtigung von knappheits- oder produktionstechnisch bedingten Preissteigerungen ($0 < \beta < 1$) würde eine Abschwächung des o.g. Substitutionseffektes bewirken, ohne dass sich an dem qualitativen Gehalt der Aussagen etwas ändern würde.

Inland als Leitwährungsland erhält man wiederum die gleichen Multiplikatoren wie für die Währungsunion mit $\varphi = 1$.[97]

Im System flexibler Wechselkurse bewirkt eine ausländische Angebotsstörung durch die Verschlechterung der ausländischen Wettbewerbsfähigkeit eine Substitution der Nachfrage analog zur zuvor betrachteten Situation.[98] Die dadurch induzierten Kapitalströme haben bei flexiblen Wechselkursen keinen expansiven bzw. kontraktiven Geldmengeneffekt auf das Inland bzw. das Ausland. Entsprechend bleibt die Lage der LM-Kurve unverändert. Die LM^*-Kurve verlagert sich nach links, allerdings nicht aufgrund der Kapitalexporte, sondern aufgrund des durch die gestiegenen Preise ausgelösten negativen Realkassen-Zins-Effektes (vgl. **Abb. 2.10**). Der Gesamteffekt der ausländischen Angebotsstörung auf das ausländische Einkommen ist negativ, auf das inländische Einkommen positiv. Der gemeinsame Zinssatz ist gestiegen.

---

97 Die Begründung entspricht dem im Abschnitt 2.3.2 untersuchten Fall eines asymmetrischen Fiskalimpulses.

98 In welchem Währungssystem dieser Substitutionseffekt größer ist, ist parameterabhängig.

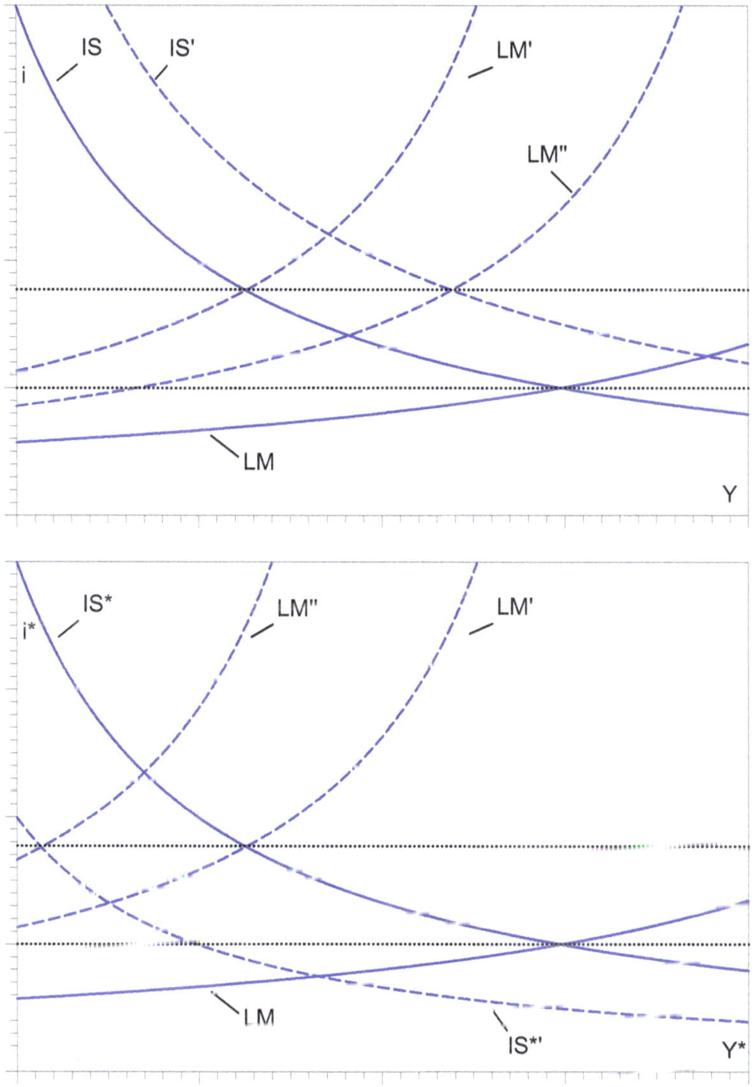

Abb. 2.9 *IS-LM-System in einer Währungsunion; Wirkung eines ausländischen Angebotsschocks für $\varphi = 0,5$ (Zinssatz ist gestiegen).*

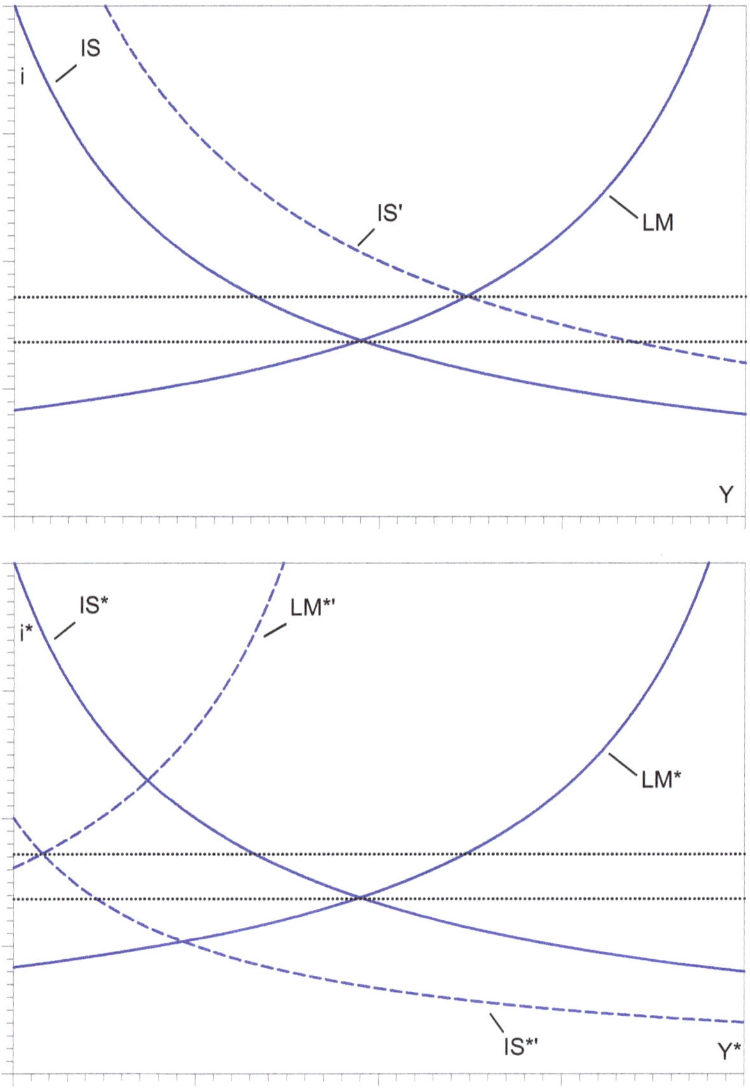

Abb. 2.10 *IS-LM-System im System flexibler Wechselkurse; Wirkung eines ausländischen Angebotsschocks.*

3. Optimales Verhalten der wirtschaftspolitischen Akteure unter verschiedenen spieltheoretischen Konstellationen

Nachdem der makroökonomische Rahmen der verschiedenen Währungssysteme gesetzt ist und die Wirkungskanäle und -mechanismen präzisiert sind, wurde gezeigt, in welcher Form wirtschaftspolitisches Handeln und länderspezifische Schocks externe Effekte aufweisen, wobei diese in ihrer Wirkungsrichtung parameterabhängig sein können. Es dürfte realistisch sein anzunehmen, dass diese spillover-Effekte auf andere Länder von politischen Akteuren, die zunächst dem Wohl des eigenen Landes verpflichtet sind, nicht internalisiert werden, es sei denn, ein solches Verhalten würde dem eigenen Land zum Vorteil gereichen.[99] Um Fragestellungen dieser Art zu untersuchen, bieten sich Methoden der Spieltheorie an.[100] Die wirtschaftspolitischen Akteure optimieren ihre Zielfunktionen, wobei unterschiedliche Annahmen bezüglich der Reaktion auf das Verhalten der anderen denkbar sind. Die spieltheoretischen Betrachtungen sollen Aufschluss darüber geben, welches Währungssystem in stabilisierungspolitischer Hinsicht die wohlfahrtstheoretisch beste Wahl darstellt. Eine darauf aufbauende Frage ist, wie sich – gesetzt den Fall, zwei Länder haben sich auf eine Währungsunion geeinigt – die Implikationen von Größenunterschieden für die Stabilisierungspolitik in der Währungsunion wohlfahrtstheoretisch auswirken.

Die Anwendung spieltheoretischer Methoden auf Fragestellungen interdependenter Volkswirtschaften geht auf Cooper (1969)[101] zurück, der die Interaktion zweier Wirtschaftsblöcke untersucht, die so groß sind, dass wirtschaftspolitisches Handeln Rückwirkungen nach sich zieht. In einem dynamischen Modell wird gezeigt, dass die stabilisierungspolitischen Maßnahmen nach einer makroökonomischen Störung effizienter werden, je größer der Grad der Kooperation der Regionen ist. In der Folgezeit wurden – und werden bis heute – verschiedene Aspekte wirtschaftspolitischer Interdependenz mit spieltheoretischen Methoden untersucht.[102]

Die weiter zunehmende wirtschaftliche und geldpolitische Integration Europas lenkte das Augenmerk unter anderem auch auf die strategischen Aspekte dieses Prozesses und motivierte entsprechende Beiträge, die sich ihrem Untersuchungsgegenstand mit spieltheoretischen Methoden nähern. So erklärt De Grauwe (1990) die im Vergleich zu den übrigen Industrieländern geringere makroökonomische „performance“ der EWS-Staaten durch deren suboptimales strategisches Verhalten, welches durch die institutionellen Rahmenbedingungen des EWS bedingt sei.[103] Aizenman (1992) untersucht den Zusammenhang von fis-

---

[99] Vgl. Canzoneri/Henderson (1991).

[100] Zur Verwendung spieltheoretischer Methoden in interdependenten Wirtschaftssystemen vgl. den Überblicksartikel von Cooper (1985).

[101] Vgl. Cooper (1969).

[102] Vgl. beispielsweise Hamada (1976) oder Canzoneri/Gray (1985). Einen Überblick über frühere Beiträge zu diesem Thema gibt Hamada (1979).

[103] Vgl. De Grauwe (1990).

kalpolitischer Dezentralisierung in einer Währungsunion im Hinblick auf die Seigniorage.[104]
Die Konsequenzen, die sich aus einem Übergang von einer „EWS-Wirtschaft“ zu einer „ECU-Wirtschaft“ ergeben, werden von Spahn (1992) thematisiert. Ausgehend von einem Zwei-Länder-Modell mit national unterschiedlichen Präferenzen für Inflation und Beschäftigung wird argumentiert, dass beim Übergang vom Leitwährungssystem hin zu einer Währungsunion ein geringeres Maß an Preisstabilität zu erwarten sei, als bislang im Leitwährungsland vorherrschend. Dieses Ergebnis folgt nicht aus der Annahme einer geringeren Inflationsaversion der gemeinsamen Zentralbank, sondern daraus, dass die gemeinsame Notenbank unionsweite Ziele verfolgt, was zu einer gesunkenen Leistungsfähigkeit des Währungsraums führt und damit höhere Opportunitätskosten der Inflationsbekämpfung zur Folge hat.[105]
Von Hagen/Süppel (1994) untersuchen mögliche Konfliktbeziehungen, die in einer Währungsunion entstehen können, wenn Geldpolitik von regionalen bzw. zentralen Interessen gesteuert wird. Es werden verschiedene Zusammensetzungen des für die Geldpolitik zuständigen Zentralbankrats untersucht: Entweder gehen die Mitglieder des Zentralbankrats aus einem zentralisierten Ernennungsprozess hervor („governors“) oder sie sind Repräsentanten des sie entsendenden Mitgliedslandes („country representatives“). Entsprechend unterscheiden sich ihre wirtschaftspolitischen Zielsetzungen. Der governor ist den Zielen der gesamten Währungsunion verpflichtet, der country representative den Zielen des ihn entsendenden Landes. Die Autoren zeigen, dass es durch einen von regionalen Interessen bestimmten Zentralbankrat zu einer ineffizienten Geldpolitik kommen kann.[106]
Es wurde bereits darauf hingewiesen, dass viele Beiträge, die sich mit strategischen Implikationen einer Währungsunion auseinandersetzen, als Grundlage der Interaktion von Annahmen vom Barro-Gordon-Typ ausgehen.[107] Ein weiterer Aspekt – und der, der in der vorliegenden Arbeit hauptsächlich untersucht werden soll – sind die strategischen Auswirkungen der Stabilisierungspolitik in einer Währungsunion. Hughes Hallet und Vines (1993) setzen sich mit den möglichen Kosten einer Europäischen Währungsunion auseinander, die darin bestehen, dass die Teilnehmerstaaten die nationale Souveränität über die Geldpolitik zur Stabilisierung von Schocks aufgegeben haben.[108] Die Währungsunion operationalisieren die Autoren als System zweier Volkswirtschaften mit einer einheitlichen Währung, deren wirtschaftspolitische Akteure die Abweichungen von

[104] Vgl. Aizenman (1992).
[105] Vgl. Spahn (1992).
[106] Vgl. von Hagen/Süppel (1994).
[107] Vgl. Fn. 18. Ein Beitrag, der in dieser Tradition steht, die Fiskalpolitik aber als „dritten Spieler” (neben Geldpolitik und privatem Sektor) in die Überlegungen mit einbezieht ist: Alesina/Tabellini (1987).
[108] Hughes Hallett/Vines (1993).

makroökonomischen Zielgrößen zu minimieren suchen. Die Notenbank optimiert einen gleich gewichteten Durchschnitt der nationalen Nutzenfunktionen. Aktionsparameter für die nationalen Entscheidungsträger ist die Fiskalpolitik, für die Notenbank der Nominalzins. Als Referenzsystem dient ein System flexibler Wechselkurse zwischen den beiden Ländern. Die Untersuchung kommt zu dem Ergebnis, dass der Fiskalpolitik in der Währungsunion durchaus eine stabilisierungspolitische Rolle zukommen soll, dass jedoch gilt, „that we need to co-ordinate the national fiscal policies with the single monetary policy (if not between countries as well)".[109] Der Ansatz dieser Autoren soll hier um einige Annahmen ergänzt werden. Insbesondere sollen weitere Referenzsysteme explizit modelliert werden, und zwar die erwähnte Kooperation und als weiteres Währungssystem neben dem System flexibler Wechselkurse und Währungsunion ein Festkurssystem mit Leitwährung (Wechselkursunion). Des weiteren werden unterschiedlich große Volkswirtschaften zugelassen. Es soll im Laufe der vorliegenden Arbeit gezeigt werden, dass die Forderung nach Koordination der Wirtschaftspolitiken nicht so selbstverständlich ist, wie es die Intuition nahe legt.

Auch Bryson (1994) untersucht die Auswirkungen von dezentraler Fiskalpolitik in der EMU unter stabilisierungspolitischen Gesichtspunkten.[110] Insbesondere wird der Frage nachgegangen, ob angesichts der Tatsache, dass in einer Währungsunion nur die Fiskalpolitik als nationales Stabilisierungsinstrument zur Verfügung steht, eine koordinierte Fiskalpolitik eine größere oder geringere Flexibilität erfordert. Die Antwort ist von der Art der Schocks abhängig, denen die Volkswirtschaften ausgesetzt sind: Bei symmetrischen Angebotsstörungen ist eine geringere, bei asymmetrischen Nachfragestörungen eine größere Flexibilität erforderlich.[111]

Buti et al. (2001) untersuchen die Konflikte zwischen Geld- und Fiskalpolitik in einer Währungsunion, die sich ergeben können, wenn die Ziele von Zentralbank und Fiskalbehörden voneinander abweichen und die Währungsunion Angebots- bzw. Nachfrageschocks ausgesetzt ist.[112] Außerdem werden die Konsequenzen berücksichtigt, die die Verfolgung eines nicht mit der inflationsstabilen Arbeitslosenquote zu vereinbarenden Outputziels zur Folge hat. Die Fiskalbehörden in der Währungsunion werden zunächst als einheitlicher Akteur vorgestellt. Entsprechend sind Schocks dann immer symmetrische Schocks, und Konfliktbeziehungen zwischen den einzelnen Fiskalbehörden werden nicht thematisiert. Verfolgt die Fiskalbehörde als Ziel ihrer Politik eine positive Outputlücke, hat die inflationsaverse Notenbank keinen Anreiz, mit der Fiskalpolitik zu kooperieren.

---

109 Hughes Hallet und Vines (1993, S. 46). Zu diesem Ergebnis kommen auch von Hagen/Mundschenk (2002).

110 Vgl. Bryson (1994).

111 Bemerkenswerterweise wird in diesem Beitrag stabilisierungspolitisches Handeln der Notenbank nicht thematisiert.

112 Vgl. Buti et al. (2001).

Anders verhält es sich, wenn Fiskal- und Geldpolitik gemäß ihrer Zielfunktionen Schocks stabilisieren: Bei Angebotsschocks profitieren beide Akteure in jedem Fall von Kooperation, bei Nachfrageschocks ist dies sehr wahrscheinlich. Eine Erweiterung des ursprünglichen Modells um asymmetrische Angebotsschocks, mit entsprechenden strategischen Implikationen für die nationale Fiskalpolitik, führt zu dem Ergebnis, dass fiskalpolitische Kooperation für beide Fiskalbehörden von Vorteil ist.[113]

Gatti/van Wijnbergen (2002) argumentieren, dass die Verpflichtung der Europäischen Zentralbank auf unionsweite Ziele angesichts asymmetrischer Schocks zu strategischen Interaktionen der Fiskalbehörden führen wird, die die vom Stabilitäts- und Wachstumspakt geforderte fiskalpolitische Zurückhaltung gefährden könnten.[114] Es wird ein Modell betrachtet, dass davon ausgeht, dass fiskalpolitische Zurückhaltung das für die Fiskalbehörden beste Ergebnis liefert, dass jede einzelne aber – gegeben, die anderen üben sich in Zurückhaltung – einen Anreiz hat, einen diskretionären Kurs zu fahren, was schließlich zu einem allgemeinen suboptimalen diskretionären Gleichgewicht führt. Als Lösung dieses Gefangenendilemmas schlagen die Autorinnen vor, dass die Zentralbank auch outputstabilisierend tätig werden sollte, um die Fiskalbehörden für ihren zurückhaltenden fiskalpolitischen Kurs zu belohnen.[115]

Ausgangspunkt und Vergleichsmaßstab der spieltheoretischen Interaktion soll das Cournot- oder (Cournot-)Nash-Spiel sein. Jeder der drei Akteure – Regierung des Inlandes, Regierung des Auslandes und Notenbank – nimmt das Verhalten der anderen als gegeben an und optimiert entsprechend seiner Verlustfunktion nach seinem Aktionsparameter. Löst man die Bedingungen erster Ordnung nach den jeweiligen Aktionsparametern auf, erhält man die Reaktionsfunktionen der Akteure, welche die optimale Antwort eines Spielers auf das Handeln der anderen angibt. Der Schnittpunkt der Reaktionsfunktionen bestimmt dann das wechselseitig optimale Handeln.[116] Dieses Nash-Optimierungskalkül ist aber nur eines von mehreren möglichen Verhaltensannahmen. Stimmen die Akteure ihr Verhalten in dem Sinne miteinander ab, dass jeder auch die Nutzenfunktion des anderen optimiert, soll hier von der Kooperationslösung die Rede sein.

Eine weitere Variante ist das Stackelberg-Spiel. Kennzeichnend für das Stackelberg-Spiel ist, dass hier die Wahl des Aktionsparameters des Mitspielers nicht

---

113 Es soll gezeigt werden, dass dieses Ergebnis nicht mehr gilt, wenn die Annahme symmetrischer Länder aufgegeben wird.

114 Vgl. Gatti/van Wijnbergen (2002).

115 Im Gegensatz zu den von Gatti/van Wijnbergen vorgebrachten Argumenten werden in der vorliegenden Arbeit die Thesen vertreten, dass Kooperation keineswegs die Pareto-optimale Strategie sein *muss* und dass sich eine Pareto-optimale Strategie auch dann als Lösung durchsetzen *kann*, wenn kurzfristig ein Anreiz besteht, von dieser Strategie abzuweichen.

116 Vgl. zum Cournot-Nash-Gleichgewicht auch Varian ([3]1994, S. 286 ff.) oder Holler/Illing ([3]1996, S. 58 ff.).

wie beim Cournot-Spiel als gegeben angenommen wird, sondern dass das Optimierungskalkül eines Spielers schon in die Überlegungen des anderen miteinbezogen wird. Je nachdem, welche Position eingenommen wird, spricht man von einem „leader" oder „follower". Üblicherweise wird ein Stackelberg-Spiel als sequenzielles Spiel vorgestellt, in dem der leader den Wert seines Aktionsparameters wählt, der auch auf der Reaktionsfunktion des anderen Spielers liegt, der aber – im Unterschied zum Nash-Spiel – unter Berücksichtigung dieser Restriktion die eigene Zielfunktion optimiert. Der follower passt sich an, indem er den optimalen Wert seines Aktionsparameters, gegeben die Entscheidung des leaders, wählt, welcher auf seiner Reaktionsfunktion liegt. Formal entspricht das Optimierungskalkül des followers also dem des Nash-Spiels. In der Regel kommt die mikroökonomische Oligopoltheorie zu dem Ergebnis, dass ein Oligopolist die Mengenführerschaft im Stackelberg-Spiel bevorzugt. Begründungen dafür, welcher Akteur diese Rolle dann einnimmt, entstammen dann häufig (wenn diese im Zusammenhang mit makroökonomischen Fragestellungen überhaupt thematisiert werden) dem außerökonomischen Bereich.[117] Es ergeben sich verschiedene zumindest denkbare leader-follower-Konstellationen, wobei nicht a priori klar ist, welcher Akteur welche Position einnimmt.

Bei der Fülle der theoretisch denkbaren Verhaltensannahmen stellt sich die Frage, welche Relevanz diese Konstellationen beanspruchen können. Wie in den Überlegungen zum Stackelberg-Spiel angedeutet wurde, können hier Begründungen angeführt werden, die außerhalb des Modells angesiedelt sind. Wenn beispielsweise in der Literatur davon ausgegangen wird, dass die Notenbank die Rolle des Stackelberg-leaders einnimmt, wird dies nicht aus dem verwendeten Modell heraus erklärt. Intuitiv kann dieses unterstellte Optimierungserhalten damit begründet werden, dass die Notenbank aufgrund ihrer meist unterstellten politischen Unabhängigkeit in der Lage sei, eine *hard-nose-Politik* zu verfolgen, an die sich der andere Spieler nur anpassen könne. In diesem Fall muss sich die Notenbank glaubwürdig dazu verpflichten können, die gewählte Politik weiter zu verfolgen, unabhängig davon, was die anderen tun (*commitment*).[118]

Begründungen dafür, warum ein Spieler unter Umständen über eine solche Glaubwürdigkeit verfügt, können institutioneller Art sein. Möglicherweise sind diese institutionellen Bedingungen geschaffen worden, um Glaubwürdigkeit zu gewährleisten, möglicherweise wurden sie vorgefunden. Sollten der oder die Stackelberg-follower damit drohen, ihren Aktionsparameter so zu setzen, als seien sie selber in der Position des leaders, und der ursprüngliche leader behält seine Parameterwahl aufrecht, befänden sich beide Gruppen in einem suboptimalen Bereich, der beide schlechter stellt als bei Nash-Verhalten (die realisierten Werte der Politikvariablen liegen nicht auf den Reaktionskurven), den ur-

117 „Welche Unternehmung tatsächlich der Mengenführer ist, wird vermutlich von historischen Fakten abhängen, also etwa davon, welche Firma zuerst auf dem Markt war, und so weiter." Varian (³1994, S. 300).

118 Vgl. Illing (1997, S. 164).

sprünglichen follower aber auch schlechter stellt, als bei Beibehaltung der anfänglichen leader-follower-Konstellation (aufgrund des gleichen Arguments: die realisierten Werte der Politikvariablen liegen nicht auf den Reaktionskurven). Wenn diese Möglichkeit nicht betrachtet bzw. verworfen wird, dann impliziert das die Annahme, dass der ursprüngliche follower einen suboptimalen Verlust nicht hinzunehmen bereit oder in der Lage ist (und eben darum der follower ist), seine Drohung also leer ist.
Für eine Kooperationslösung mag es ebenfalls modellexogene Gründe geben, wie im Falle der Fiskalpolitik in einer Währungsunion beispielweise eine Verpflichtung zur gegenseitigen Konsultation, bevor bestimmte stabilisierungspolitische Maßnahmen ergriffen werden. Gerade im Fall der Kooperation wird aber auch betont, dass ein solches Verhalten geeignet sei, für beide Seiten Vorteile zu bringen, wenn kooperatives Verhalten glaubwürdig durchgehalten wird. In diesem Zusammenhang soll das Konzept der Pareto-Optimalität als Kriterium für die Relevanz einer spieltheoretischen Konstellation verwendet werden. Es soll untersucht werden, ob es Varianten gibt, auf die sich die Akteure einigen können, da sie eine Pareto-Verbesserung darstellen.[119] Solche Lösungen sollen im hier betrachteten stabilitätspolitischen Zusammenhang als langfristig stabil angesehen werden, da davon auszugehen ist, dass sich die Notwendigkeit stabilitätspolitischen Handelns wiederholt stellt. In diesem Fall wird angenommen, dass sich jeder Akteur darüber im Klaren ist, dass sich sein Gegenüber bei einem Abweichen von der Pareto-optimalen Lösung in der folgenden Spielsituation ebenfalls nicht mehr an die Vereinbarung gebunden fühlt und so das für alle Seiten schlechtere Nash-Gleichgewicht zustande kommt.[120] Stabilisierungspolitik wird hier also nicht als Gefangenendilemma verstanden, dessen suboptimales Gleichgewicht ja gerade durch die einmalige Spielsituation und die damit fehlende Möglichkeit der Bestrafung für von der Vereinbarung abweichendes Verhalten bedingt ist.[121] Wenn im Folgenden die unterschiedlichen spieltheoretischen Konstellationen der Nash-Lösung gegenüber gestellt werden, so soll gezeigt werden, wie sich diese für die einzelnen Akteure in wohlfahrtstheoretischer Hinsicht auswirken.

3.1 Spieltheoretische Aspekte der Stabilisierungspolitik im Modell

Für die weiteren Betrachtungen wird von folgenden Verlustfunktionen der Regierungen bzw. der supranationalen Notenbank ausgegangen:

---

[119] Vgl. Harsanyi/Selten (^{2}1992, S. 80 f.).

[120] Vgl. Levine/Currie (1987).

[121] Söllner (1999, S. 320) weist darauf hin, dass das Gefangenendilemma in seiner heute bekannten Form erstmals in einem unveröffentlichten Aufsatz von Tucker (1950) thematisiert wurde. Vgl. auch Luce/Raiffa (1957, S. 94 – 97). Der Grundgedanke, dass kollektive und individuelle Rationalität auseinanderfallen und zu suboptimalen Ergebnissen führen können, war natürlich schon früheren Autoren bekannt, worauf Ordeshook (1986, S. 209 f.) hinweist.

(3.1) $$VR = \frac{1}{2}y^2 + \frac{x}{2}p^2 + \frac{z}{2}g^2$$

(3.2) $$VR^* = \frac{1}{2}y^{*2} + \frac{x}{2}p^{*2} + \frac{z}{2}g^{*2}$$

(3.3) $$VN = \frac{1}{2}\left(y^2 + y^{*2}\right) + \frac{x}{2}\left(p^2 + p^{*2}\right)$$

Die Regierungen betrachten Abweichungen von ihrem Outputziel und ihrem Inflationsziel als Verlust, den es zu minimieren gilt. Zielgrößen sind die Werte für Outputwachstum und Inflation, die sich in Abwesenheit von *Änderungen* exogener Einflüsse einstellen ($\hat{y}^{(*)} = 0$ bzw. $\hat{p}^{(*)} = 0$). Die Annahme dieser Werte als Zielgrößen impliziert, dass die nachfolgenden Schlussfolgerungen nicht dadurch bedingt sind, dass mittels wirtschaftspolitischer Maßnahmen ein Überbeschäftigungsziel erreicht werden soll. Es handelt sich bei den folgenden Optimierungen also auch nicht um ein Spiel der staatlichen Akteure gegen die Erwartungen der privaten Wirtschaftssubjekte. Insofern unterscheidet sich diese Ausgangssituation von Untersuchungen, die auf dem Barro-Gordon-Modell basieren, wie weiter unten noch gezeigt werden soll. Die Notenbank optimiert die Wachstums- und Inflationsziele der Regierungen gleichgewichtet.[122]
Hinter dem dritten Summanden der Gleichungen (3.1) und (3.2) steht die Modellannahme, dass die Regierungen in Abwesenheit von Schocks eine gewisse Menge an Gütern bereitstellen, die auch von den privaten Wirtschaftssubjekten als optimal angesehen werden kann.[123] Setzt eine Regierung nun zur Stabilisierung eines Schocks beispielsweise auf expansive fiskalpolitische Maßnahmen, so sind diese, wenn eine Steuererhöhung politisch nicht durchsetzbar ist, nur durch ein Budgetdefizit zu finanzieren, was als Verlust gewertet wird.[124] In den Verlustfunktionen der Regierungen wird also die staatliche Budgetrestriktion in einfacher Form berücksichtigt.[125] Die Notenbank verfolgt die gleichen Stabili-

---

[122] Eine solche Zielfunktion der Notenbank findet sich auch bei Hughes Hallet/Vines (1993, S. 40). Auf die Möglichkeit einer anderen Zielfunktion mit unionsweiten Durchschnittsgrößen und den Konsequenzen daraus, wird an anderer Stelle eingegangen (vgl. Gleichung (3.32)).

[123] Diese Annahme ist konsistent mit dem Makromodell aus dem vorangegangenen Abschnitt. $g^{(*)}$ bezeichnet die prozentuale Abweichung der Staatsausgaben $G^{(*)}$ von einem stationären Wert $\overline{G}^{(*)}$. Dieser ist so wie die anderen stationären Werte auf eins normiert.

[124] Als intuitive Begründung für diese Modellannahme mag der Umstand dienen, dass die mit der Staatsschuld steigenden staatlichen Zinszahlungen den Handlungsspielraum der Regierung schmälern. Eine weitere denkbare Begründung ist ein möglicher Reputationsverlust durch *deficit spending* oder materielle Sanktionen bei mangelnder Haushaltsdisziplin.

[125] Auch bei Beetsma/Bovenberg (1998, S. 243 f.) hängt die Verlustfunktion von Abweichungen von Inflation, Output und öffentlichen Ausgaben von den jeweiligen Zielgrößen ab. Die Notenbank ist dieser Restriktion nicht unterworfen.

tätsziele wie die Regierungen, ohne an eine Budgetrestriktion gebunden zu sein.[126] Die Regierungen der an den jeweiligen Währungssystemen beteiligten Ländern und die Notenbank streben nun an, Zielabweichungen zu minimieren. Dazu bedienen sich die Regierungen der Fiskalpolitik – hier also verstanden als *deficit spending* – und die Notenbank der Geldpolitik. Bei der Wahl des optimalen Verhaltens sind die Lösungen der Makrosysteme aus dem vorangegangenen Abschnitt zu berücksichtigen, was unter anderem bedeutet, dass die Ergebnisse der folgenden Untersuchungen nicht durch länderspezifische Annahmen bezüglich Präferenzen oder anderer Parameter bestimmt sind. Es sollen vielmehr die Implikationen des strategischen Verhaltens unter Berücksichtigung der jeweiligen Währungssysteme *als solche* untersucht werden.[127]
Gemeinsam ist allen folgenden spieltheoretischen Überlegungen, dass zunächst die aus den entsprechenden Makromodellen hergeleiteten Gleichgewichtswerte in die Verlustfunktionen eingesetzt werden.[128] Die weiteren Schritte sind von den unterstellten Rahmenbedingungen abhängig. Die nachfolgenden Untersuchungen sollen u.a. klären, ob es unter der Voraussetzung strategischen Verhaltens eine wohlfahrtstheoretische „Rangfolge" der Währungssysteme gibt. Des weiteren stellt sich die Frage, welche Strategien nun unter dem Aspekt der Pareto-Optimalität von den Akteuren gewählt würden.

3.2 Strategisches Verhalten unter identischen Angebotsstrukturen

3.2.1 Das Cournot-Nash-Spiel

Das Optimierungskalkül der drei Akteure stellt sich unter Cournot-Nash-Annahmen folgendermaßen dar:

(3.4) $$\min_{\{g\}} VR(y,p)$$

(3.5) $$\min_{\{g^*\}} VR^*(y^*,p^*)$$

(3.6) $$\min_{\{m\}} VN(y,y^*,p,p^*)$$

---

126 Die Notenbank des Auslandes hat keine Verlustfunktion, da sie in der Währungs- wie in der Wechselkursunion unter den hier getroffenen Annahmen lediglich ausführendes Organ sein kann.

127 Solche länderspezifischen Annahmen nimmt Spahn (1992) vor. Werden dort für das ECU- und das EWS-System die gleichen Parameter unterstellt, sind die Ergebnisse der spieltheoretischen Betrachtungen in beiden Systemen gleich.

128 Würde man, da sowieso nur qualitative Interpretationen vorgenommen werden, anstelle der expliziten Makrolösung für $y^{(*)}$ bzw. $p^{(*)}$ reduzierte Gleichungen einsetzen, die vorzeichenmäßig jener entspricht (für ein solches Vorgehen vgl. Bryson (1994, S. 544)), so würde die für die Ergebnisse wichtige Information über die relative Größe der Volkswirtschaften verloren gehen. Es erweist sich also durchaus als sinnvoll, die Anwendung einer mikroökonomischen Methode auf eine makroökonomische Fragestellung auch „makrofundiert" zu betreiben.

Im 2. Kapitel wurde festgestellt, dass die Annahme einer horizontalen gesamtwirtschaftlichen Angebotsfunktion ($\beta \to 1$) für die Vorzeichen der komparativ-statischen Betrachtung ohne Bedeutung ist. In diesem Fall sind Preisänderungen, und damit verbundene Veränderungen der Nachfrage und des Einkommens, allein durch angebotsseitige Störungen und nicht durch Nachfragepolitik möglich.[129] Da die stabilitätspolitischen Instrumente hier annahmegemäß nur nachfrageseitig wirken, wirken diese auf den Output, ohne die Preise zu beeinflussen.[130]

Im Unterschied zur Steigung der Angebotskurve sind andere Parameter für die Vorzeichen der Multiplikatoren durchaus von Bedeutung, wie ebenfalls bereits gezeigt wurde. Um einerseits die Interpretierbarkeit der spieltheoretischen Betrachtungen zu gewährleisten, andererseits aber die Ergebnisse nicht durch zu weit gehende Vereinfachungen zu determinieren, soll eine Fallunterscheidung vorgenommen werden, die die unterschiedlichen Auswirkungen inländischer Fiskalpolitik auf das Ausland abbilden soll: Für den ersten zu betrachtenden Fall soll $\alpha_4 = 0$ gesetzt werden, was impliziert, dass inländische Fiskalpolitik über den gemeinsamen Zins einen negativen spillover-Effekt auf das Auslandseinkommen nach sich zieht (*beggar-thy-neighbor-Politik*). Der zweite Fall soll die Möglichkeit eines positiven spillover-Effektes abbilden, was dadurch geschehen soll, dass $\alpha_4 = \alpha_1$ gesetzt wird (*heimische Fiskalpolitik als internationale „Konjunkturlokomotive“*).[131]

3.2.1.1 Fiskalpolitik als „beggar-thy-neighbor“-Politik

Das Optimierungskalkül der drei Akteure gemäß (3.4) – (3.6) für die Währungsunion liefert für $\alpha_4 = 0$ folgende Reaktionsfunktionen:

---

129 Der neoklassische Fall einer vertikalen gesamtwirtschaftlichen Angebotsfunktion ($\beta \to 0$) würde zu dem trivialen Ergebnis $\overline{g} = \overline{g}^* = \overline{m} = 0$ mit $\overline{VR} = \overline{VR}^* = \overline{VN} = 0$ führen. Der Grund liegt darin, dass das ursprüngliche Gleichgewicht durch Angebotsstörungen nicht verändert wird, da Preise ja vollkommen flexibel sind und damit immer der natürliche Output realisiert wird (geometrisch argumentiert: die vertikale GAF wird nach oben verschoben), folglich kein Stabilisierungsbedarf besteht und damit auch keine Verluste entstehen.

130 Diese „inadäquate“ Stabilisierung von Angebotsstörungen mit Nachfragepolitik ist jedoch für die Schlussfolgerungen der Untersuchungen ohne Bedeutung, wie sich im weiteren Verlauf zeigen wird.

131 Diese Annahme ist selbstverständlich völlig willkürlich. Jede andere Parameterannahme, die mit den Stabilitätsbedingungen vereinbar ist und einen positiven spillover-Effekt herbeiführt, wäre ebenso geeignet.

$$
\begin{aligned}
g = &-\underbrace{\frac{\alpha_1\left(\alpha_1(1-\varphi)+1\right)}{\Omega_4}}_{-} m^g + \underbrace{\frac{\alpha_1(1-\varphi)\left(\alpha_1(1-\varphi)+1\right)}{\Omega_4}}_{+} g^* \\
&+\underbrace{\frac{\left(\alpha_1(1-\varphi)+1\right)\left(\alpha_1\left(2\alpha_2(1-\varphi)+\varphi\right)+\alpha_2\right)}{\Omega_4}}_{+} w \\
&+\underbrace{\frac{\left(\alpha_1(1-\varphi)+1\right)\left(\alpha_1(1-\varphi)(1-2\alpha_2)-\alpha_2\right)}{\Omega_4}}_{\substack{?\ \text{für}\ 0\le\varphi<1 \\ -\ \text{für}\ \varphi=1}} w^*
\end{aligned}
\tag{3.7}
$$

(3.8)

$$
\begin{aligned}
g^* = &-\underbrace{\frac{\alpha_1\left(\alpha_1\varphi+1\right)}{\Omega_5}}_{-} m^g + \underbrace{\frac{\alpha_1\varphi\left(\alpha_1\varphi+1\right)}{\Omega_5}}_{+} g \\
&-\underbrace{\frac{\left(\alpha_1\varphi+1\right)\left(\alpha_1\varphi(2\alpha_2-1)+\alpha_2\right)}{\Omega_5}}_{\substack{-\ \text{für}\ \varphi=0 \\ ?\ \text{für}\ 0<\varphi\le 1}} w + \underbrace{\frac{\left(\alpha_1\varphi+1\right)\left(\alpha_1\left(2\alpha_2\varphi+(1-\varphi)\right)+\alpha_2\right)}{\Omega_5}}_{+} w^*
\end{aligned}
$$

$$
\begin{aligned}
m^g = &-\underbrace{\frac{\alpha_1(1-2\varphi)+1}{2\alpha_1}}_{\substack{-\ \text{für}\ 0\le\varphi\le 0{,}5 \\ ?\ \text{für}\ 0{,}5<\varphi\le 1}} g + \underbrace{\frac{\alpha_1(1-2\varphi)-1}{2\alpha_1}}_{\substack{?\ \text{für}\ 0\le\varphi<0{,}5 \\ -\ \text{für}\ 0{,}5\le\varphi\le 1}} g^* \\
&+\underbrace{\left(\varphi+\alpha_2(1-2\varphi)\right)}_{\substack{+\ \text{für}\ 0\le\varphi\le 0{,}5 \\ ?\ \text{für}\ 0{,}5<\varphi\le 1}} w + \underbrace{\left((1-\varphi)-\alpha_2(1-2\varphi)\right)}_{\substack{?\ \text{für}\ 0\le\varphi<0{,}5 \\ +\ \text{für}\ 0{,}5\le\varphi\le 1}} w^*
\end{aligned}
\tag{3.9}
$$

$$
\Omega_4 = \underbrace{z\left(1+\alpha_1\right)^2 + \left(\alpha_1(1-\varphi)+1\right)^2}_{+}
$$

$$
\Omega_5 = \underbrace{z\left(1+\alpha_1\right)^2 + \left(\alpha_1\varphi+1\right)^2}_{+}
$$

Aus den jeweiligen Reaktionsfunktionen wird deutlich, wie die einzelnen Akteure auf exogene Störungen antworten, um den eigenen Verlust zu minimieren. Ein expansiver Geldmengenimpuls würde von den Regierungen mit kontraktiver Fiskalpolitik beantwortet, da expansive Geldpolitik bedeuten würde, dass sich das Wachstum von seinem auf null normierten Zielwert positiv entfernen würde. Jede Regierung reagiert expansiv auf einen Fiskalimpuls des jeweils anderen

Landes, um so den kontraktiven Effekt auf das heimische Volkseinkommen auszugleichen. Ebenso verhält es sich mit der heimischen fiskalpolitischen Reaktion auf heimische Schocks. Die Antwort der Regierungen auf jeweils das andere Land betreffende Angebotsstörungen ist in der angegebenen Weise uneindeutig, da die Auswirkungen dieser Störungen auf das heimische Volkseinkommen ebenso uneindeutig sind.

Während die Reaktion der Regierungen auf exogene Störungen vorzeichenmäßig so ausfallen, wie dies anhand der Multiplikatoren unmittelbar zu vermuten war, bedarf die Geldpolitik weiterer Erläuterung. Die Notenbank optimiert beide nationale Zielfunktionen gleichgewichtet. Entsprechend richtet sich die Antwort der Geldpolitik auf exogene Impulse danach, wie die Auswirkungen auf die „Gesamtwohlfahrt" beschaffen sind. So beantwortet die Notenbank expansive Fiskalpolitik eines Landes kontraktiv, wenn dessen Anteil an der gesamten Geldnachfrage kleiner oder gleich $\varphi = 0,5$ ist, andernfalls ist die Reaktion nicht eindeutig. Die Erklärung ist, dass ein expansiver heimischer Fiskalimpuls in dem hier betrachteten Fall eine positive (negative) Abweichung vom inländischen (ausländischen) Outputziel bewirkt. Der Effekt auf den „Gesamtnutzen" wird erst dann eindeutig, wenn eine Zielabweichung die andere überkompensiert, wie am Beispiel eines expansiven inländischen Fiskalimpulses gezeigt werden soll: Für $0 \le \varphi \le 0,5$ gilt, dass $\frac{dy}{dg}$ größer ist als $\left|\frac{dy^*}{dg}\right|$, der expansive Effekt im Inland also größer ist, als der kontraktive im Ausland, was von der Notenbank mit restriktiver Geldpolitik beantwortet wird. Für Angebotsstörungen gelten analoge Überlegungen: Die Wirkung eines inländischen Angebotsschocks auf das Inlandseinkommen ist in jedem Fall negativ, auf das Auslandseinkommen ambivalent. In der Summe gilt jedoch, dass $\frac{dy}{dw} + \frac{dy^*}{dw}$ für $0 \le \varphi \le 0,5$ und $w > 0$ positiv ist, was eine monetäre Restriktion nach sich zieht.

Die bisherigen Überlegungen zu den Reaktionsfunktionen gingen davon aus, dass für jeden Akteur die Aktionsparameter der anderen beiden exogene Größen sind. Wenn die Regierungen und die Notenbank nun ihre Aktionsparameter gemäß ihrem Optimierungskalkül zur Stabilisierung von Angebotsstörungen setzen, so sind $\overline{g}^{(*)}$ und $\overline{m}^g$ aber endogen bestimmt und nur noch von $w^{(*)}$ als exogene Größen abhängig. Als optimale Politikregeln unter Cournot-Nash-Annahmen folgt daher aus den Reaktionsfunktionen:[132]

[132] Zu den Begriffen „Optimum" und „Gleichgewicht" in bezug auf die Nash-Lösung ist zu sagen, dass es „at best redundant and at worst misleading" ist, die Lösung einer zu optimierenden Zielfunktion als Gleichgewicht zu bezeichnen (Silberberg (^{2}1990, S. 651)). Der Grund ist, dass die Rede von einem Gleichgewicht impliziert, dass es ein Ungleichgewicht geben kann. Dies ist jedoch nicht möglich, wenn man als Verhaltensannahme unterstellt, dass die Akteure eine Zielfunktion optimieren. In den behandelten spieltheoreti-

$$(3.10)\qquad \overline{g}=\underbrace{\frac{2\alpha_2\left(\alpha_1(1-\varphi)+1\right)}{2z(1+\alpha_1)+\alpha_1+2}}_{+}\left(w-w^*\right)$$

$$(3.11)\qquad \overline{g}^*=\underbrace{\frac{2\alpha_2\left(\alpha_1\varphi+1\right)}{2z(1+\alpha_1)+\alpha_1+2}}_{+}\left(w^*-w\right)$$

(3.12)

$$\overline{m}^g=-\underbrace{\frac{\alpha_1\left(2\alpha_2 z(2\varphi-1)-\varphi(2z+1)\right)+\alpha_2(2z-1)(2\varphi-1)-2\varphi(1+z)}{\alpha_1(2z+1)+2(1+z)}}_{\substack{?\ \varphi\neq 0{,}5\\ +\ \varphi=0{,}5}}w$$

$$+\underbrace{\frac{\alpha_1\left(2\alpha_2 z(2\varphi-1)+(1-\varphi)(2z+1)\right)+\alpha_2(2z-1)(2\varphi-1)+2(1-\varphi)(1+z)}{\alpha_1(2z+1)+2(1+z)}}_{\substack{?\ \varphi\neq 0{,}5\\ +\ \varphi=0{,}5}}w^*$$

Aus diesem Ergebnis erschließt sich die „Aufgabenteilung“ zwischen Geld- und Fiskalpolitik in diesem Modell: Fiskalpolitik reagiert *allein* auf asymmetrische Störungen. Die Geldpolitik wird bei symmetrischen *und* asymmetrischen Schocks aktiv. Die Verluste lauten im Nash-Optimum:

$$(3.13)\qquad \overline{VR}=\frac{2\alpha_2^{\,2}z\left(z(1+\alpha_1)^2+\left(\alpha_1(1-\varphi)+1\right)^2\right)}{\left(2z(1+\alpha_1)+\alpha_1+2\right)^2}\left(w-w^*\right)^2+\frac{x}{2}w^2$$

$$(3.14)\qquad \overline{VR}^*=\frac{2\alpha_2^{\,2}z\left(z(1+\alpha_1)^2+\left(\alpha_1\varphi+1\right)^2\right)}{\left(2z(1+\alpha_1)+\alpha_1+2\right)^2}\left(w-w^*\right)^2+\frac{x}{2}w^{*2}$$

$$(3.15)\qquad \overline{VN}=\left(\frac{2\alpha_2 z(1+\alpha_1)}{2z(1+\alpha_1)+\alpha_1+2}\right)^2\left(w-w^*\right)^2+\frac{x}{2}\left(w^2+w^{*2}\right)$$

---

schen Untersuchungen wurde ein solches Optimalverhalten vorausgesetzt. Die Annahme, dass die Akteure ihre Entscheidungen so treffen, dass diese *nicht* auf den Reaktionsfunktionen liegen, würde im Widerspruch zu den Voraussetzungen stehen und ist nicht als Ungleichgewicht zu interpretieren. Die statischen spieltheoretischen Untersuchungen sind insofern als „one-shot games“ zu betrachten (Canzoneri/Henderson (1991, S. 9)). Aus diesem Grund ist auch die Rede von einem „Anpassungsprozess“ von einem beliebigen Punkt verschieden vom Schnittpunkt der drei Reaktionsfunktionen missverständlich: Jeder dieser Punkte wäre für mindesten einen der Akteure nicht mit dem unterstellten Optimalverhalten konsistent. Daher kann kein Anpassungsprozess in historischer Zeit vorliegen, sondern höchstens ein „gedanklicher“.

Die Auswirkungen des optimalen Stabilisierungsverhaltens der Regierungen und der gemeinsamen Notenbank lassen sich auch anhand des grundlegenden Makrosystems beurteilen. Wird die Nash-Lösung in die Lösung des Makrosystems eingesetzt, so erhält man:

$$\bar{y} = \frac{2\alpha_2 z(1+\alpha_1)}{2z(1+\alpha_1)+\alpha_1+2}(w^* - w) \tag{3.16}$$

$$\bar{y}^* = \frac{2\alpha_2 z(1+\alpha_1)}{2z(1+\alpha_1)+\alpha_1+2}(w - w^*) \tag{3.17}$$

$$\bar{p} = w \tag{3.18}$$

$$\bar{p}^* = w^* \tag{3.19}$$

$$\bar{i} = \frac{\alpha_2(2\varphi-1)}{2z(1+\alpha_1)+\alpha_1+2}(w - w^*) \tag{3.20}$$

Betrachtet man die Optimierungsergebnisse des Cournot-Nash-Spiels (3.10) und (3.11) in Verbindung mit (3.13) und (3.14), so erkennt man, dass mit steigendem φ der betragsmäßige Stabilisierungsaufwand für das Inland geringer wird, während er für das Ausland zunimmt. Außerdem sinkt der Verlust eines Landes, je größer der Einfluss des jeweils anderen Landes auf i ist. Dies ist zunächst bemerkenswert, da im Abschnitt über die komparative Statik des Makromodells festgestellt wurde, dass die Wirksamkeit der Fiskalpolitik abnimmt, je größer der Einfluss des jeweiligen Landes auf den gemeinsamen Zinssatz ist, womit ein höherer Stabilisierungsaufwand zu erwarten wäre. Auffällig ist ferner, dass zwar die optimalen Verlustniveaus von φ abhängig sind, die optimalen Abweichungen der Zielgrößen in (3.16) – (3.20) jedoch nicht. Weiterhin gilt, dass es für die durch die Asymmetrie der Störung bedingten Verlustkomponenten nur auf deren Relation ankommt: Eine Kombination von Schocks $w > w^*$ hat auf die Nash-Verluste jeder der beiden Regierungen die gleiche Auswirkung wie $w < w^*$. Anhand von (4.7) und (4.8) ist zu sehen, dass die Fiskalpolitik auf w bzw. w^* entgegengesetzt, aber betragsmäßig gleich reagiert, obwohl das Ausmaß der spillover-Effekte von $w^{(*)}$ für $\varphi \neq 0,5$ unterschiedlich ist.

Da die Aktionsparameter von Regierungen und Notenbank durch das Optimierungskalkül nicht mehr exogen, sondern von $w^{(*)}$ abhängig sind, sind weitergehende Überlegungen zur Interpretation der genannten Eigenschaften des Modells nötig. Die Mechanismen, die bei der Stabilisierung wirksam werden, sollen zunächst anhand des Beispiels gleich großer Volkswirtschaften ($\varphi = 0,5$) und dann anhand des Grenzfalls einer im Vergleich zum Ausland „unendlich" großen inländischen Volkswirtschaft ($\varphi = 1$) verdeutlicht werden.[133]

Bei gleich großen Volkswirtschaften bewirkt ein inländischer Angebotsschock $w > 0$, dass sich durch die Veränderung der internationalen Wettbewerbsfähigkeit die IS-Kurven um den gleichen Betrag verschieben, die inländische nach links, die ausländische nach rechts (vgl. **Abb. 3.1**).[134] Durch die gestiegenen Preise kommt es in beiden Ländern zu einem negativen Realkassen-Zins-Effekt (in der Abbildung als LM' bezeichnet). Aufgrund der Zinsdifferenz $i^* > i$ kommt es zu einem Nettokapitalexport vom Inland in das Ausland. Die entsprechende monetäre Kontraktion im Inland bzw. Expansion im Ausland schlägt sich aufgrund der gleichen Größenverhältnisse in einer betragsmäßig gleichen Linksverschiebung der inländischen bzw. Rechtverschiebung der ausländischen LM-Kurve nieder, so dass ein neuer gleichgewichtiger Zinssatz wieder hergestellt ist, der höher ist als der vorherige. Das Inlandseinkommen ist gesunken, die Auswirkungen auf das Auslandseinkommen sind nicht eindeutig. Die Regierung des Inlandes reagiert mit expansiver Fiskalpolitik auf den inländischen Preisschock, was sich in einer Rechtsverschiebung der IS-Kurve (IS'') manifestiert, die jedoch betragsmäßig kleiner ist, als die durch die Verschlechterung der inländischen Wettbewerbsfähigkeit bedingte Linksverschiebung. Obwohl die Auswirkung von $w > 0$ auf y^* nicht eindeutig ist, reagiert die ausländische Regierung mit restriktiver Fiskalpolitik, die betragsmäßig der fiskalpolitischen Expansion des Inlandes entspricht, so dass $IS^{*}{}'$ ebenso wenig wie IS' in die Ausgangslage zurückverschoben wird. Die durch die asymmetrische Fiskalpolitik bedingte Zinsdifferenz $i > i^*$ wird nun erneut durch den Kapitalverkehr zum Ausgleich gebracht (LM'''). Die in beiden Ländern gleichermaßen expansiv wirkende Geldpolitik bewirkt gleich große Rechtsverschiebungen von LM''' auf LM'''', so dass das ursprüngliche Zinsniveau wieder hergestellt ist und $\bar{y}$ bzw. $\bar{y}^*$ betragsmäßig gleich von den jeweiligen Zielgrößen negativ bzw. positiv abweichen.

An diesem Verhalten der Regierungen und der Notenbank wird deutlich, dass die Akteure nicht nur auf die unmittelbaren makroökonomischen Auswirkungen der Störung reagieren, sondern dass sie auch das Handeln der anderen in ihr Kalkül miteinbezogen haben. Die expansive Reaktion des Inlandes auf den Preisschock ist keineswegs auf die dadurch hervorgerufene Rezession als solche

---

[133] Wie bereits weiter oben festgestellt wurde, entsprechen die Multiplikatoren der Wechselkursunion denen der Währungsunion mit $\varphi = 1$. Entsprechendes gilt auch für die sich aus dem Optimierungskalkül ergebenden Gleichungen.

[134] Die stark durchgezogenen Linien bezeichnen das Ausgangsgleichgewicht, die durchbrochenen Linien das Gleichgewicht nach der Störung und die blassen Linien das Gleichgewicht nach Stabilisierung der Störung. Die Abstände von $\bar{y}^{(*)}$ vom Ausgangsgleichgewicht sind von φ unabhängig (vgl. Gleichungen (3.20)).

zurückzuführen, was daran zu sehen ist, dass das Ausland sich genau spiegelbildlich verhält, obwohl die Auswirkungen des Schocks auf das ausländische Output ungewiss sind. So wird sich, wenn sich das Ausland wegen $w > 0$ in einer Rezession befindet, diese infolge der restriktiven ausländischen Fiskalpolitik noch verschärfen. Dieses Stabilisierungsverhalten erweist sich aber als optimal, da die Abweichung der Outputwerte vom Nullpunkt im In- und Ausland symmetrischer, wenn schon nicht geringer werden. Die Stabilisierung symmetrischer Störungen wiederum kann die Notenbank am effizientesten gewährleisten. Für $\varphi = 1$ und $w > 0$ folgt ebenfalls eine Substitution der Güternachfrage vom Inland in das Ausland, die ebenso groß ist, wie im zuvor betrachteten Fall (vgl. **Abb. 3.2**).[135, 136] Die für beide Volkswirtschaften gleich große Linksverschiebung von $LM^{(*)}$ auf $LM^{(*)'}$ infolge des kontraktiven Realkassen-Zins-Effektes fällt entsprechend größer aus als im zuvor untersuchten Fall gleich großer Volkswirtschaften. Die Zinsdifferenz $i^* > i$ wird hier erneut durch einen Nettokapitalexport vom Inland in das Ausland ausgeglichen. Aufgrund der Größenverhältnisse wirkt sich der Kapitalabfluss aus dem Inland nicht auf die Lage von LM' aus, sondern nur auf $LM^{(*)'}$ mit den zuvor erörterten Auswirkungen auf die endogenen Variablen. Die Reaktion auf diese Konstellation ist nun von Seiten des Inlandes eine geringere fiskalpolitische Expansion als für $\varphi = 0{,}5$ und eine stärkere Restriktion seitens der ausländischen Regierung. Dieses Verhalten ist ebenfalls darauf zurückzuführen, dass die Reaktionen des Kapitalmarktes sich nicht mehr in beiden Ländern gleich auswirken, sondern allein im Ausland Auswirkungen auf das Einkommen haben. Wie im vorher untersuchten Fall gleich großer Volkswirtschaften, ist es für die Regierungen auch hier optimal, ihre Fiskalpolitik so zu gestalten, dass die Outputreaktionen infolge des inländischen Preisschocks symmetrischer werden. Die Regierungen müssen dabei aber berücksichtigen, dass die Kapitalbewegungen, die ihre Politik begleiten, nicht mehr die gleichen makroökonomischen Auswirkungen haben. Die Last der Anpassung obliegt nun stärker dem Ausland. Zwar ist die kontraktive Wirkung einer restriktiven ausländischen Fiskalpolitik im Ausland größer als zuvor, die entsprechende Expansion im Inland fällt aber geringer aus, so dass man sich nicht mehr „in der Mitte trifft", sondern das Ausland zu einer stärkeren Kontraktion gezwungen ist, während das Inland weniger expansiv sein muss als zuvor.

---

135 Verschiebungen der $IS^{(*)}$-Kurven sind von φ unabhängig, was man formal erkennen kann, wenn man horizontale $LM^{(*)}$-Kurven annimmt und die $IS^{(*)}$-Verschiebungen auf diese Weise isoliert.

136 Zur Bedeutung der Linien vgl. die Anmerkungen zu **Abb. 3.1**; die Maßstäbe in **Abb. 3.1** und **Abb. 3.2** sind unterschiedlich. Die Abstände von $\overline{y}^{(*)}$ vom Ausgangsgleichgewicht sind von φ unabhängig (vgl. Gleichungen (3.20)).

Die Zinsdifferenz infolge der Fiskalpolitiken $i > i^*$ bewirkt, dass der Kapitalfluss vom Ausland in das Inland eine Linksverschiebung von $LM^{(*)''}$ auf $LM^{(*)'''}$ nach sich zieht, während die Lage der inländischen LM-Kurve durch Kapitalbewegungen unbeeinflusst bleibt. Die Notenbank reagiert expansiv, so dass der neue gleichgewichtige Output auf dem gleichen Niveau liegt wie im zuvor betrachteten Fall, allerdings bei einem geringeren Zins als in der Ausgangssituation. Die Interaktion der drei Akteure führt also wieder dazu, dass die optimale verlustminimierende Geldpolitik so gestaltet wird, dass die Abstände von $\bar{y}^{(*)}$ zum Nullpunkt betragsmäßig gleich groß und von der relativen Größe der Volkswirtschaften unabhängig sind (vgl. (3.20)).
Der Verlust der Regierungen ist jedoch von φ abhängig, da, wie gezeigt wurde, die Intensität der Fiskalpolitik von der relativen Größe abhängig ist. Je größer das Inland in Relation zum Ausland, desto geringer muss die fiskalpolitische Reaktion auf asymmetrische Störungen ausfallen und desto geringer ist der Verlust. Für den Verlust der Notenbank ist φ unerheblich, da der Einsatz der Fiskalpolitik für sie nicht mit Kosten verbunden ist (vgl. (3.13) – (3.15)). Vor dem Hintergrund dieser Ausführungen wird auch verständlich, warum es für die optimalen Verlustniveaus ohne Bedeutung ist, ob bei einer asymmetrischen Störung $w > w^*$ oder $w^* > w$ gilt: In beiden Fällen unterscheidet sich das fiskalpolitische Handeln nur vorzeichenmäßig, die Konsequenz für den Verlust ist aber gleich.
Anhand von (3.13) – (3.20) werden weitere Eigenschaften der Nash-Lösung deutlich, die von der Art des Festkurssystems unabhängig sind. Es folgt aus (3.20), dass die Abweichungen von $\bar{y}^{(*)}$ vom Nullpunkt bei steigendem z mit abnehmender Rate und einem (endlichen) Grenzwert zunehmen. Je größer die Kosten der Fiskalpolitik, desto geringer fallen die stabilitätspolitischen Fiskalimpulse aus. Unabhängig vom Wechselkursregime ist außerdem festzustellen, dass die Verluste aller drei Akteure mit der Differenz der Störungen steigen. Je geringer die Divergenz der beiden Volkswirtschaften, desto unerheblicher ist die Bedeutung des Währungssystems für die Verluste der Akteure.[137] Je geringer die Präferenz der Regierungen für einen ausgeglichenen Haushalt, desto geringer der Verlust, der aus der asymmetrischen Komponente der Störungen entsteht. Im Extremfall $z = 0$ bleibt nur die durch die absolute Höhe der Störung bedingte Komponente, deren Bedeutung für die Verlusthöhe wiederum von der Gewichtung des Preisziels abhängt. Diese Komponente erscheint in den Verlustfunktionen, da die Akteure annahmegemäß die gesamtwirtschaftliche Störung nicht

[137] Diese Erkenntnis steht im Einklang mit der Theorie der optimalen Währungsräume.

„systemadäquat“ angebotsseitig, sondern nachfrageseitig stabilisieren und damit nicht Preis- und Outputziel zugleich stabilisieren können.[138]
Wie bereits aus (3.1) bis (3.3) hervorgeht, ist der Verlust der Regierungen zusammengenommen stets größer als der der Notenbank, sobald die Fiskalpolitik aktiv wird, da der Einsatz fiskalpolitischer Instrumente *an sich* schon in die Verlustfunktionen der Regierungen eingeht, der geldpolitische Instrumenteneinsatz jedoch nicht in die Verlustfunktion der Notenbank. Anhand von (3.13) bis (3.15) werden die Komponenten, aus denen sich die Verluste der Akteure zusammensetzen, deutlich. Offensichtlich gehen asymmetrische Störungen auf zwei Wegen in die Verlustfunktionen ein: Zum einen betreffen die asymmetrischen Störungen beide Volkswirtschaften gleichermaßen, also unabhängig von φ. Diese Verlustkomponenten der beiden Länder gehen auch addiert in den Nash-Verlust der Notenbank ein und repräsentieren den Verlust, der dadurch entsteht, dass der Schock aus „Kostengründen“ nicht vollständig outputmäßig stabilisiert wird. Für „kostenlose“ Fiskalpolitik ($z = 0$) ist dieser Anteil selbstverständlich gleich null. Für $z \to \infty$ nähert sich diese Komponente dem Grenzwert $0{,}5\alpha_2^{\,2}\left(w - w^*\right)^2$ an.[139] Zum anderen betreffen asymmetrische Störungen beide Länder in Abhängigkeit von φ. Diese Komponente hat keinen Einfluss auf den gleichgewichtigen Nash-Verlust der Notenbank, da hier der Verlust abgebildet wird, der aus der fiskalpolitischen Tätigkeit *an sich* entsteht und der für den Nash-Verlust der Notenbank mithin ohne Bedeutung ist. Für $z = 0$ ist dieser Verlust aus bekanntem Grund wieder gleich null, für $z \to \infty$ lautet der Grenzwert jedoch anders als für den ersten Summanden ebenfalls null: Wenn fiskalpolitische Stabilisierung aus Kostengründen unterbleibt, kann *daraus* auch kein Verlust entstehen.[140]

---

[138] Geht man statt der Angebotsstörung von Nachfragestörungen aus, entfällt diese zweite Komponente. Die Abhängigkeit der gleichgewichtigen Verluste vom asymmetrischen Anteil der Störung bleibt jedoch erwartungsgemäß erhalten. Die grundlegenden Aussagen des vorliegenden Beitrags werden durch die „inadäquaten“ Stabilisierungsannahmen nicht berührt.

[139] Dieser Grenzwert gilt unabhängig von Parameterkonstellationen, Währungssystemen und spieltheoretischen Rahmenbedingungen.

[140] Insgesamt dominiert der erstgenannte Effekt jedoch den letztgenannten: Mit zunehmender Gewichtung der staatlichen Budgetrestriktion nimmt auch der Verlust aller Akteure zu.

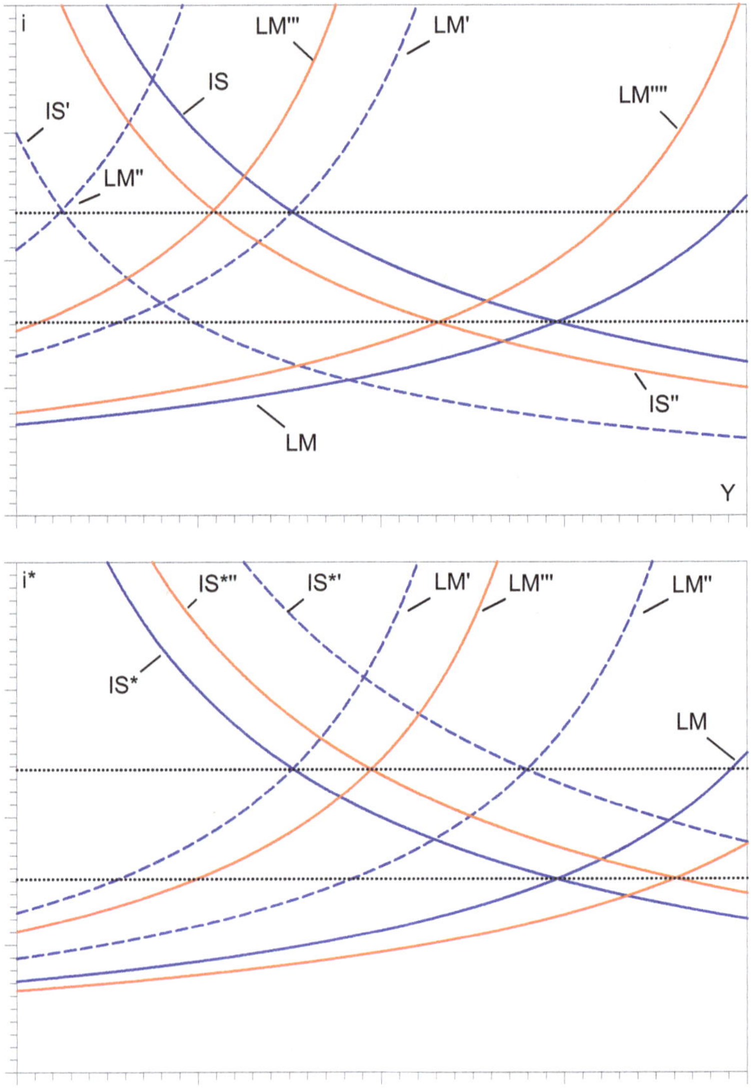

Abb. 3.1 *Optimale Stabilisierungspolitik nach einer asymmetrischen Angebotsstörung* $(w > 0)$ *in einer Währungsunion mit gleich großen Volkswirtschaften* $(\varphi = 0{,}5)$.

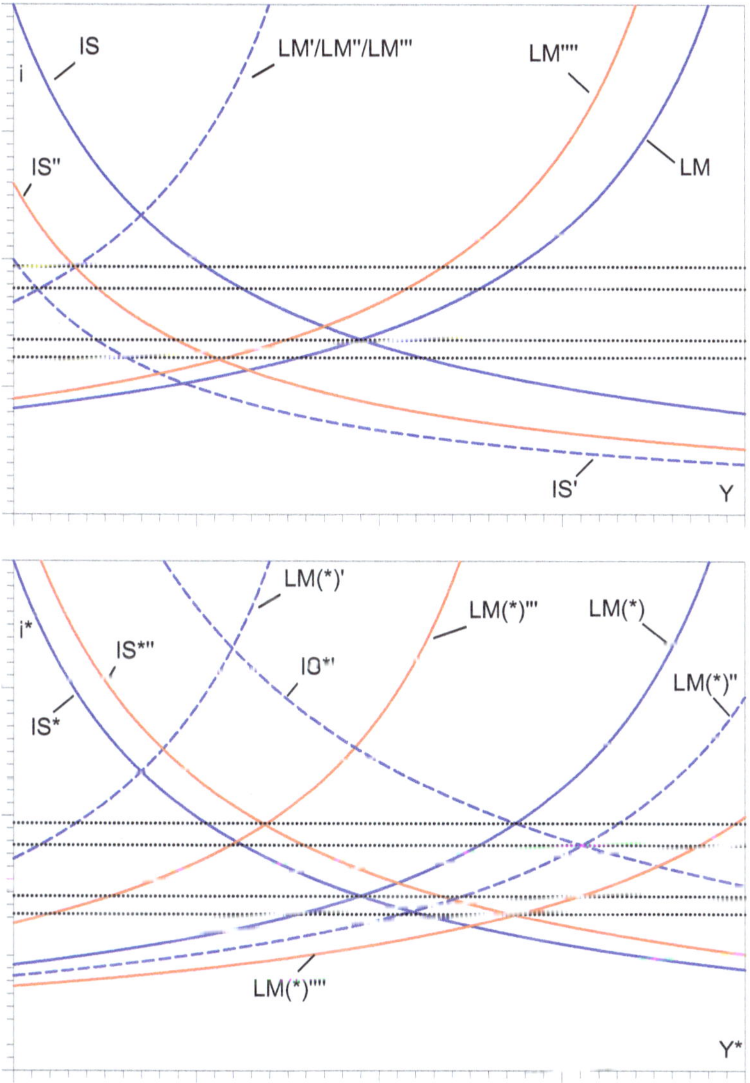

Abb. 3.2 *Optimale Stabilisierungspolitik nach einer asymmetrischen Angebotsstörung* $(w > 0)$ *in einer Wechselkursunion bzw. Währungsunion mit* $\varphi = 1$.

3.2.1.2 Fiskalpolitik als internationale „Konjunkturlokomotive“

Um zu überprüfen, ob die vorangegangenen Ergebnisse durch die speziellen Parameterannahmen bedingt waren, soll nun der Fall untersucht werden, der einen positiven spillover-Effekt heimischer Fiskalpolitik auf das Einkommen der fremden Volkswirtschaft abbildet. Die Parameter werden dazu $\alpha_4 = \alpha_1$ gewählt[141], so dass man die Reaktionsfunktionen erhält:

$$g = \underbrace{\frac{-\alpha_1(1+\alpha_1)(\alpha_1(1-\varphi)+1)}{\Omega_7}}_{-} m^g + \underbrace{\frac{-\alpha_1\varphi(\alpha_1(1-\varphi)+1)}{\Omega_7}}_{-} g^*$$

(3.21)
$$+ \underbrace{\frac{(1+\alpha_1(1-\varphi))(\alpha_1^2\varphi+\alpha_1(\varphi-\alpha_2(2\varphi-1))+\alpha_2)}{\Omega_6}}_{+} w$$

$$+ \underbrace{\frac{(1+\alpha_1(1-\varphi))(\alpha_1^2(1-\varphi)\alpha_1(\alpha_2(2\varphi-1)+1-\varphi)-\alpha_2)}{\Omega_6}}_{\substack{? \text{ für } 0\le\varphi<1 \\ - \text{ für } \varphi=1}} w^*$$

$$g^* = \underbrace{\frac{-\alpha_1(1+\alpha_1)(\alpha_1\varphi+1)}{\Omega_7}}_{-} m^g + \underbrace{\frac{-\alpha_1(1-\varphi)(\alpha_1\varphi+1)}{\Omega_7}}_{-} g$$

(3.22)
$$+ \underbrace{\frac{(1+\alpha_1\varphi)(\alpha_1^2\varphi+\alpha_1[\varphi-\alpha_2(2\varphi-1)]-\alpha_2)}{\Omega_6}}_{\substack{- \text{ für } \varphi=0 \\ ? \text{ für } 0<\varphi\le 1}} w$$

$$+ \underbrace{\frac{(1+\alpha_1\varphi)(\alpha_1^2(1-\varphi)+\alpha_1(\alpha_2(2\varphi-1)+1-\varphi)+\alpha_2)}{\Omega_6}}_{+} w^*$$

$$m^g = -\underbrace{\frac{2\alpha_1(1-\varphi)+1}{2\alpha_1(1+\alpha_1)}}_{-} g - \underbrace{\frac{2\alpha_1\varphi+1}{2\alpha_1(1+\alpha_1)}}_{-} g^*$$

(3.23)
$$+ \underbrace{\frac{\varphi(1+\alpha_1)+\alpha_2(1-2\varphi)}{1+\alpha_1}}_{\substack{+ \text{ für } 0\le\varphi\le 0{,}5 \\ ? \text{ für } 0{,}5<\varphi\le 1}} w + \underbrace{\frac{(1-\varphi)(1-\alpha_1)-\alpha_2(1-2\varphi)}{1+\alpha_1}}_{\substack{? \text{ für } 0\le\varphi<0{,}5 \\ + \text{ für } 0{,}5\le\varphi\le 1}} w^*$$

$$\Omega_6 = \alpha_1^2\left((1-\varphi)^2+z\right)+2\alpha_1(1-\varphi+z)+1+z>0$$

---

[141] Vgl. Fn. 131.

$$\Omega_7 = \alpha_1^2\left(\varphi^2 + z\right) + 2\alpha_1\left(\varphi + z\right) + 1 + z > 0$$

Die optimale Antwort der Regierungen auf eine expansive Geldpolitik der Notenbank ist nach wie vor eine fiskalpolitische Restriktion. Eine fiskalpolitische Expansion in einem Land zieht eine entsprechende Restriktion im anderen Land nach sich. Die fiskalpolitische Reaktion auf Angebotsstörungen für den hier untersuchten Fall entspricht vorzeichenmäßig der für $\alpha_4 = 0$. Die Notenbank reagiert im Unterschied zum zuvor betrachteten Fall kontraktiv auf expansive Fiskalimpulse, da diese auf y *und* y^* positiv wirken. Die geldpolitische Reaktion auf Schocks fällt vorzeichenmäßig ebenso aus wie im Fall $\alpha_4 = 0$.

Leitet man aus diesen Reaktionsfunktionen die endogenen optimalen Werte für die Aktionsparameter her, so folgt als Nash-Lösung für $\alpha_1 = \alpha_4$:

(3.24) $$\overline{g} = \underbrace{\frac{2\alpha_2\left(\alpha_1\left(1-\varphi\right)+1\right)}{2z\left(1+\alpha_1\right)^2 + \alpha_1 + 2}}_{+}\left(w - w^*\right)$$

(3.25) $$\overline{g}^* = \underbrace{\frac{2\alpha_2\left(\alpha_1\varphi+1\right)}{2z\left(1+\alpha_1\right)^2 + \alpha_1 + 2}}_{+}\left(w^* - w\right)$$

(3.26)

$$\overline{m}^g = \underbrace{\frac{\varphi\left(2\alpha_1^2 z + \alpha_1\left(4z+1\right) + 2\left(1+z\right)\right) + \alpha_2\left(1-2\varphi\right)\left(2\alpha_1 z + 2z - 1\right)}{2\alpha_1^2 z + \alpha_1\left(4z+1\right) + 2\left(1+z\right)}}_{\substack{?\ \ \varphi\neq 0{,}5 \\ +\ \ \varphi=0{,}5}} w$$

$$+ \underbrace{\frac{\left(1-\varphi\right)\left(2\alpha_1^2 z + \alpha_1\left(4z+1\right) + 2\left(1+z\right)\right) - \alpha_2\left(1-2\varphi\right)\left(2\alpha_1 z + 2z - 1\right)}{2\alpha_1^2 z + \alpha_1\left(4z+1\right) + 2\left(1+z\right)}}_{\substack{?\ \ \varphi\neq 0{,}5 \\ +\ \ \varphi=0{,}5}} w^*$$

Für $\overline{g}^{(*)}$ erhält man für $\alpha_4 = \alpha_1$ die gleichen Werte wie für $\alpha_4 = 0$. Die optimale Geldpolitik hat zwar unterschiedliche Beträge, jedoch in beiden Fällen die gleichen Vorzeichen.

Sowohl die optimalen Verlustniveaus als auch die Lösungen des Makrosystems, die sich nach erfolgter Stabilisierung einstellen, stimmen damit in beiden Fällen überein. Für die spieltheoretischen Aspekte der Stabilisierungspolitik macht es also keinen Unterschied, wie die spillover-Effekte der Fiskalpolitik beschaffen sind.

3.2.1.3 Implikationen der Wechselkurssysteme für die Wohlfahrt unter Cournot-Nash-Bedingungen

Die bisherigen Überlegungen erlauben es, die Währungssysteme hinsichtlich ihres Einflusses auf die Wohlfahrt der einzelnen Akteure zu beurteilen, was in der folgenden Tabelle zusammengefasst ist (**Tab. 3.1**). Im Abschnitt zur komparativen Statik des zugrunde liegenden Makrosystems wurde begründet, warum die Vorzeichen der Multiplikatoren der Wechselkursunion mit Leitwährung denen der Währungsunion für $\varphi = 1$ entsprechen. Diese Analogie lässt sich jedoch auf das gerade behandelte Optimierungskalkül nur mit der zusätzlichen Annahme übertragen, dass die Notenbank des Leitwährungslandes die Ziele des Anpassungslandes in die eigene Optimierung mit einbezieht. Unter der Annahme, dass die Notenbank des Leitwährungslandes nur die inländischen Ziele verfolgt, erhält man als Optimalwerte für die Aktionsparameter, für die anderen endogenen Variablen, bzw. für die Verlustniveaus unter den Parameterannahmen $\alpha_3 = b = k = 1$, $\beta \to 1$ und $\alpha_4 = 0$:

(3.27) $$\overline{m} = w + \frac{\alpha_2}{\alpha_1}\left(w - w^*\right),\ \overline{g} = 0,\ \overline{g}^* = \frac{2\alpha_2\left(w^* - w\right)}{1+z}$$

$$\overline{y} = 0,\ \overline{y}^* = -\left(\frac{2\alpha_2 z}{1+z} + 2\alpha_2\right)\left(w^* - w\right),$$

(3.28) $$\overline{p} = w,\ \overline{p}^* = w^*,$$

$$\overline{i} = -\frac{\alpha_2}{\alpha_1}\left(w - w^*\right),\ \overline{m}^* = \left(\frac{2\alpha_2}{1+z} - \frac{\alpha_2}{\alpha_1} - 2\alpha_2\right)\left(w^* - w\right) + w^*$$

(3.29) $$\overline{VR} = \frac{x}{2}w^2,\ \overline{VR}^* = \frac{x}{2}w^{*2} + \frac{2\alpha_2^{\,2} z}{1+z}\left(w - w^*\right)$$

Die ausschließliche Berücksichtigung inländischer Ziele in der Verlustfunktion der Notenbank hat die Konsequenz, dass die inländische Fiskalpolitik passiv bleiben kann. Als das „kostengünstigere" Stabilisierungsinstrument, welches zudem ausschließlich den inländischen Zielen verpflichtet ist, setzt die inländische Notenbank die Geldpolitik so ein, dass der inländische Output komplett stabilisiert wird. Die inländische Regierung kann unter diesen Umständen ihren geringst möglichen Verlust realisieren. Die Relationen in **Tab. 3.1** sind für die Regierungen von dem der Notenbank unterstellten Optimierungsverhalten unabhängig.

Tab. 3.1 *Optimale Cournot-Nash-Verlustniveaus in Abhängigkeit vom Währungssystem bei symmetrischen Angebotsstrukturen.*

Reg. Inl.	*Verl. Währungs-union*	>	*Verl. Wechselkurs-union*
Reg. Ausl.		<	
Notenbank		=♠	
Reg. addiert		<	

♠ Das Gleichheitszeichen gilt für den Fall, dass die Notenbank des Leitwährungslandes die Ziele des anderen Landes gleichgewichtet berücksichtigt. Werden nur die Ziele des Inlandes als Leitwährungsland berücksichtigt, gilt „>".

Unter den getroffenen Modellannahmen gilt, dass das ehemalige Leitwährungsland in der Währungsunion gegenüber der Wechselkursunion verliert, während das vormalige Schwachwährungsland von der Währungsunion profitiert. Addiert man die optimalen Verluste der Regierungen, so profitieren diese „in ihrer Gesamtheit" von der Währungsunion, worauf im Zusammenhang mit der Kooperationslösung noch weiter eingegangen werden soll.[142]
Eine weitere Schlussfolgerung aus den bisherigen Überlegungen ist, dass ein größerer fiskalpolitischer Handlungsspielraum, modelliert durch geringere Kosten der Fiskalpolitik, den Regierungen jedes einzelnen Landes nützen würde, und zwar unabhängig vom Wechselkursregime. Eine Begründung für fiskalpolitische Regeln á la „Maastricht-Vertrag" lassen sich aus den bisherigen Modellannahmen nicht herleiten. Wenn es Argumente für fiskalpolitische Regeln gibt, dann sind diese von der Frage des Wechselkurssystems unabhängig.

[142] Lane/Gros (1994) betonen, dass die Entscheidung für ein symmetrisches oder ein asymmetrisches Festkurssystem (in der Terminologie der vorliegenden Arbeit also: Währungsunion bzw. Wechselkursunion) die Entscheidung souveräner Staaten ist, die jeweils vor der Wahl stehen, den Wechselkurs zu stabilisieren oder nicht zu stabilisieren. Je nach Strategiekombination ergeben sich die vier möglichen Wechselkursregimes „flexible Wechselkurse" (beide Länder stabilisieren den Wechselkurs nicht), eine „symmetrische Währungsunion" (beide Länder stabilisieren den Wechselkurs) oder eine „asymmetrische Wechselkursunion" (jeweils ein Land stabilisiert den Wechselkurs und das andere nicht). Die Autoren untersuchen, welche Rangfolge der Währungssysteme sich angesichts verschiedener Störungen ergeben (S. 53). Im Gegensatz zu den Ergebnissen, die in **Tab. 3.1** dargestellt sind, hängt diese Rangfolge für die einzelnen Länder davon ab, ob ein inländischer oder ausländischer Schock vorliegt. Der Grund für diese unterschiedlichen Ergebnisse ist, dass Lane/Gros geldpolitische Reaktionsfunktionen auf verschiedener Arten von Schocks *ad hoc* annehmen und dann die unterschiedlichen Abweichungen des Outputs vom Ausgangsgleichgewicht betrachten. Eine Herleitung der Reaktionsfunktionen aus einem Optimierungskalkül und damit die Berücksichtigung des Verhaltens des anderen Landes findet nicht statt.

3.2.1.4 Die stabilisierungspolitische Rolle der Notenbank in der Währungsunion

Die Rolle der Notenbank wird deutlich, wenn man von einem Szenario ausgeht, in dem diese sich passiv verhält. Ist die Notenbank ausschließlich dem Inflationsziel verpflichtet, wird diese im keynesianischen Fall auch bei symmetrischen Störungen keine Stabilisierungspolitik betreiben. Der Fiskalpolitik obliegt dann alleine die Outputstabilisierung. Ergebnis ist, dass dann die optimalen Verlustniveaus der Regierungen höher sind, als bei einer auch der Outputstabilisierung verpflichteten Notenbank, was auch unmittelbar einsichtig ist: Unter der Bedingung, dass die Regierungen Akteure sind, die eine Stabilisierungspolitik betreiben, ohne Anreiz zu haben, sich einen nur kurzfristigen trade-off zunutze zu machen, ist eine Verpflichtung der gemeinsamen Notenbank auf Outputstabilisierung nicht nur annehmbar, sondern sogar wünschenswert, da durch die geldpolitische Stabilisierung ein weniger intensiver fiskalpolitischer Instrumenteneinsatz nötig ist.

Die stabilitätspolitische Rolle, die der Europäischen Zentralbank offiziell zukommt, ist in Artikel 105 des Vertrages zur Europäischen Union dargelegt, wo es heißt, dass diese in erster Linie dem Erhalt der Preisstabilität verpflichtet ist, gleichwohl aber die allgemeine Wirtschaftspolitik in der Gemeinschaft unterstützen soll. Die Ziele einer solchen Wirtschaftspolitik wiederum ergeben sich aus dem bereits zu Beginn zitierten Artikel 2 desselben Vertrages, in welchen auch von einem „hohen Beschäftigungsniveau" die Rede ist.[143] Tatsächlich liegt unter Berücksichtigung der hier zugrunde gelegten Modellstruktur eine Orientierung der Notenbank am Outputziel im Interesse aller Beteiligten.

Sollte die Notenbank sich dennoch einseitig dem Preisziel verpflichtet fühlen, gilt im Unterschied zu den zuvor betrachteten Fällen, dass das Vorzeichen von $\frac{dVR^{(*)}}{dz}$ unsicher ist. Es ist demnach durchaus denkbar (aber nicht zwingend), dass eine Verteuerung des Stabilisierungsinstruments die Wohlfahrt steigern kann. Der Grund ist, dass eine Senkung der fiskalpolitischen Aktivität im Interesse beider Länder liegt, unter der Voraussetzung, dass sich der jeweils andere ebenfalls zu dieser Maßnahme entschließen würde. Eine Verteuerung des Einsatzes der Fiskalpolitik ist in jedem Fall geeignet, diese Reduktion herbeizuführen. Dies führt dazu, dass die Kosten aus der fiskalpolitischen Stabilisierung geringer werden, andererseits hat eine Nichtstabilisierung von Störungen Nutzeneinbußen zur Folge. In den bisher untersuchten Fällen war der Nettoeffekt im Nash-Gleichgewicht immer negativ. Hier kommt jedoch als weiterer Effekt hinzu, dass die Reduktion der fiskalpolitischen Aktivität wie eine Internalisierung der externen Effekte der nationalen Fiskalpolitiken wirkt.[144] Um dies zu verdeut-

---

[143] Vgl. S. 9.

[144] In einem Cournot-Oligopol kann der Gewinn zweier Dyopolisten zugleich steigen, wenn Kostensteuern erhoben werden. Der Grund ist, dass die gemeinsame Ausbringungsmenge

lichen, soll von identischen Ländern ($\varphi = 0,5$) und einem symmetrischen Preisschock ($w = w^*$) ausgegangen werden. Man erhält im keynesianischen Fall ($\beta \to 1$) als Lösung für das Nash-Spiel:

$$\text{(3.30)} \qquad \overline{g}^{(*)} = -\frac{\alpha_1(\alpha_1+2)}{2z(1+\alpha_1)^2+\alpha_1+2}w$$

$$\text{(3.31)} \qquad \overline{VR}^{(*)} = \frac{z\alpha_1^2\left(4z(1+\alpha_1)^2+(2+\alpha_1)^2\right)}{2\left(2z(\alpha_1+b)^2+b(\alpha_1+2b)\right)^2}w^2+\frac{x}{2}w^2$$

Unter der Annahme bestimmter Parameterkonstellationen, die nicht a priori ausgeschlossen werden können, kann ein Nutzenzuwachs die Folge sein, wenn z steigt.[145]

Die Möglichkeit, dass $\frac{\partial \overline{VR}^{(*)}}{\partial z} < 0$ gelten kann, ist jedoch als Argument für Erhöhung der Kosten der Fiskalpolitik nicht stichhaltig, da von der Annahme abhängig, dass die Notenbank allein dem Inflationsziel verpflichtet ist. Wird die Notenbank auch dem Outputziel verpflichtet, fällt der genannte Zusammenhang weg. Eine ausschließliche Orientierung am Inflationsziel ist im Rahmen dieses Modells eine nur vorgeblich edle Berufsideologie der Notenbank.
Diese Zusammenhänge sind in den **Abb. 3.3** und **3.4** veranschaulicht. In **Abb. 3.3** ist eine Situation dargestellt, in der ein höheres z tatsächlich den Verlust beider Akteure mindert. Aus der Parameterwahl geht hervor, dass dies dann der Fall sein kann, wenn der Wert für z bereits recht hoch ist, die Kosten der Fiskalpolitik also bereits auf hohen Niveau sind. Es ist unmittelbar einsichtig, dass eine Reduktion der fiskalpolitischen Stabilisierungsmaßnahmen in diesem Fall eher geeignet ist, den Verlust, der aus der Nichtstabilisierung entsteht, überzukompensieren. Eine solche Situation könnte denkbar sein, wenn der fiskalpolitische Handlungsspielraum der Regierungen stark eingeschränkt ist, in der Europäischen Wirtschafts- und Währungsunion beispielsweise dadurch, dass man sich bereits an der Grenze dessen befindet, was der Stabilitäts- und Wachstumspakt erlaubt und dass eine weitere Verschuldung deswegen innen- und/oder außenpolitisch schwer durchsetzbar ist. Weicht dagegen die Präferenz für einen ausgeglichenen Haushalt weniger stark von der Gewichtung der anderen Ziele ab, wie dies bei einer entspannteren Haushaltslage der Fall sein kann, führt ein höheres z zu Nutzeneinbußen, wie in **Abb. 3.4** dargestellt.

der Dyopolisten durch die Besteuerung zurückgeht und sich der monopolistischen Ausbringungsmenge annähert. Dem Gewinnrückgang infolge der Besteuerung steht also eine Gewinnsteigerung gegenüber, wobei der Nettoeffekt grundsätzlich unbestimmt ist. Vgl. Scholz/Ziemes (1995).

145 Es handelt sich demnach um eine andere Logik als bei Rogoffs Konzept des *conservative central bankers*. Vgl. Rogoff (1985).

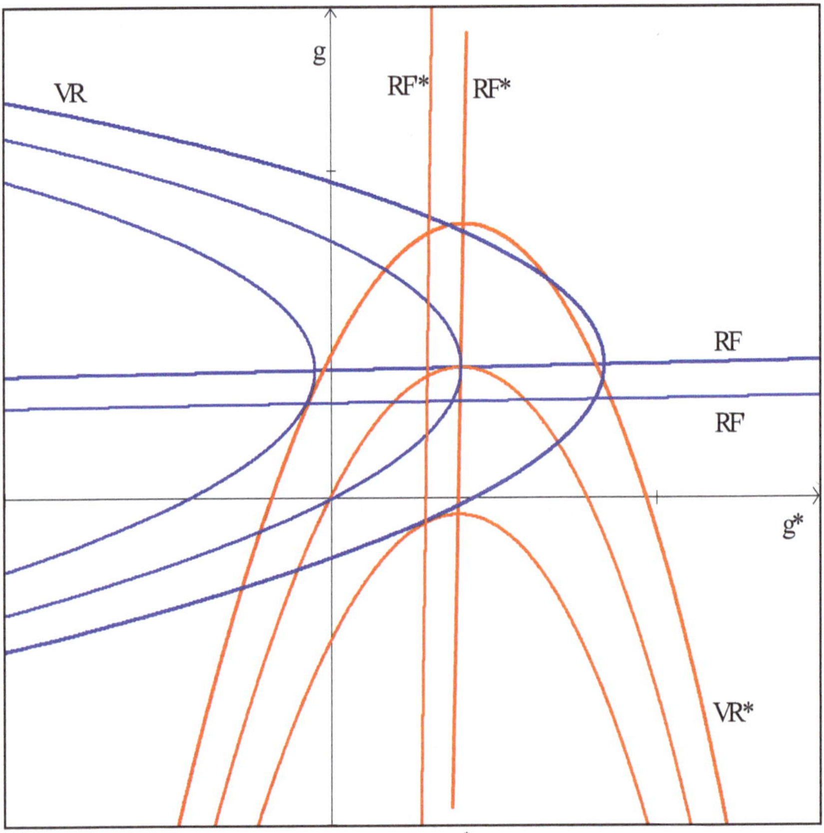

Abb. 3.3 *Symmetrischer Preisschock* $(w = w^* = 1)$ *bei gleich großen Volkswirtschaften* $(\varphi = 0{,}5)$ *und passiver Geldpolitik; übrige Parameter* $\alpha_1 = 2{,}1$, $b = 1$, $x = 1$; *Der Schnittpunkt der inländischen Reaktionsfunktion* (RF) *mit der ausländischen Reaktionsfunktion* (RF^*) *markiert das Nash-Gleichgewicht für* $z = 11$, *der Schnittpunkt von* RF' *und* $RF^{*\prime}$ *bezeichnet das Nash-Gleichgewicht für* $z = 15$. *Weiter außen liegende Isoverlustlinien bezeichnen einen größeren Verlust (Abstand* $0{,}01$*). Unter diesen Parameterannahmen verringert ein größeres* z *den Verlust beider Akteure.*

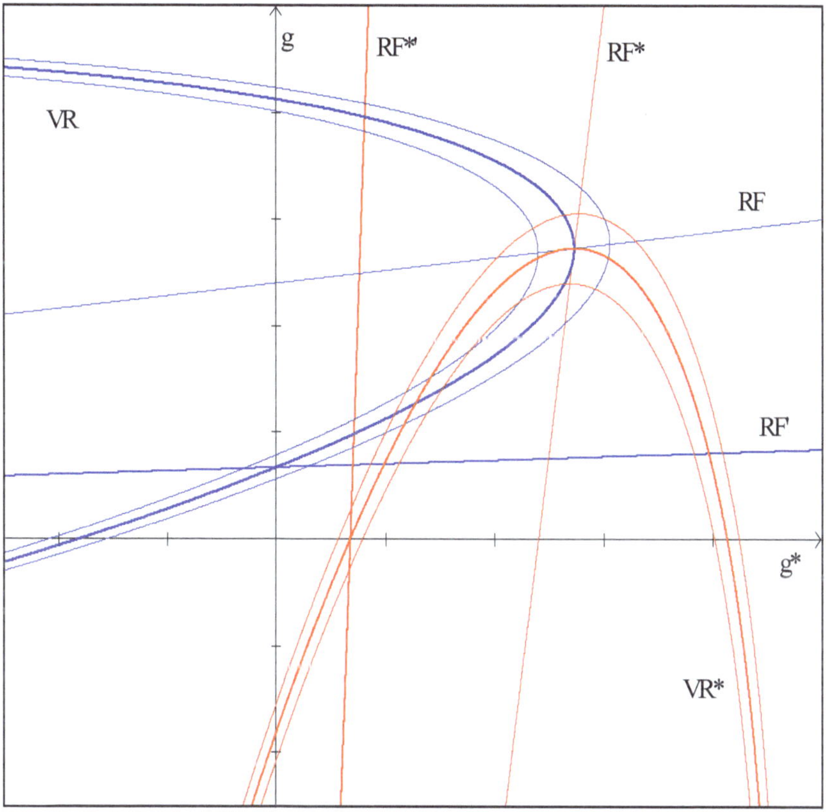

Abb. 3.4 *Symmetrischer Preisschock ($w = w^* = 1$) bei gleich großen Volkswirtschaften ($\varphi = 0,5$) und passiver Geldpolitik; übrige Parameter $\alpha_1 = b = 1$, $x = 1$; Der Schnittpunkt der inländischen Reaktionsfunktion (RF) mit der ausländischen Reaktionsfunktion (RF^*) markiert das Nash-Gleichgewicht für $z = 1$, der Schnittpunkt von RF' und $RF^{*\prime}$ bezeichnet das Nash-Gleichgewicht für $z = 5$. Weiter außen liegende Isoverlustlinien bezeichnen einen größeren Verlust (Abstand 0,003). Unter diesen Parameterannahmen erhöht ein größeres z den Verlust beider Akteure.*

Wenn die Notenbank also auch outputstabilisierend tätig werden soll, bleibt noch zu klären, in welcher Form dies geschehen soll. Bisher wurde davon ausgegangen, dass die Notenbank die Interessen der Regierungen gleichgewichtet vertritt. Es ist jedoch auch denkbar, dass die Notenbank eine andere Zielfunktion optimiert, die die unionsweite durchschnittliche Abweichung der Zielgrößen von ihren Gleichgewichtswerten berücksichtigt. Tatsächlich scheint dies der empirisch relevantere Fall zu sein, wie den offiziellen Verlautbarungen der EZB zu entnehmen ist. Möglicherweise ist die Orientierung an der EU-weiten Inflationsrate eine der Öffentlichkeit leichter zu vermittelnde Größe, die auch der Idee eines einheitlichen europäischen Wirtschafts- und Währungsraums eher zu entsprechen scheint. Außerdem erscheint es, zumindest aus Sicht des größeren Landes, wie sich weiter unten zeigen wird, durchaus als „fair", dass die gemeinsame Institution Notenbank die nationalen Ziele gewichtet verfolgt. Die Verlustfunktion der Notenbank unter Berücksichtigung unionsweiter Zielgrößen hat die Form:

(3.32) $$VN = \frac{1}{2}\left(\varphi y + (1-\varphi) y^*\right)^2 + \frac{x}{2}\left(\varphi p + (1-\varphi) p^*\right)^2$$

Diese Verlustfunktion unterscheidet sich von (3.3) nicht nur durch die Berücksichtigung der Größenverhältnisse, sondern auch dadurch, dass eine Zielabweichung in einem Land in eine Richtung durch eine entsprechende Zielabweichung im anderen Land in die entgegengesetzte Richtung wettgemacht werden kann. Die Verlustfunktion (3.3) würde dagegen ein geldpolitisches Entscheidungsgremium repräsentieren, in dem bezüglich der Wahl der geldpolitischen Maßnahmen zum einen durchaus nationale Gesichtspunkte eine Rolle spielen und diese zum anderen auch unabhängig von der Größe des Landes vertreten und durchgesetzt werden. Sollten sich zwei nationale Notenbankgouverneure, die sich den Belangen ihrer Herkunftsländer verpflichtet fühlen, einer asymmetrischen Störung gegenübersehen, deren Auswirkungen sich unionsweit neutralisieren, erscheint es nicht selbstverständlich, dass ein aus den beiden Gouverneuren konstituiertes hypothetisches Zentralbank-Direktorium einer Meinung über den geldpolitischen Kurs ist. Wenn noch ein weiterer Notenbankgouverneur (beispielsweise eines deutlich kleineren Landes) hinzugedacht wird, dessen Entsendeland ebenfalls von der Störung in irgendeiner Weise betroffen ist, könnte die Entscheidung durchaus anders ausfallen, als mit den unionsweiten Größen vereinbar. Der zweite Punkt dürfte ebenfalls nicht ohne Relevanz sein, da die Stimmen der nationalen Notenbankpräsidenten im Zentralbankrat der EZB unabhängig von der Größe der Entsendestaaten gleichgewichtet vertreten sind.[146] Wenn also (3.32) eher die Idee der Notenbankzielfunktion in einer Währungsunion verkörpert, so ist durchaus denkbar, dass die Funktion (3.3) die faktischen Ziele der gemeinsamen Notenbank realitätsnah abbildet. Aus diesem Grund soll auch (3.3) nicht verworfen werden.[147]

Man erhält als Optimalwerte für Wachstum, Inflationsrate und Zins sowie für die optimalen Verluste unter Nash-Bedingungen mit (3.32):

---

[146] Vgl. Art. 10 Abs. 2 des Protokolls über die Satzung des Europäischen Systems der Zentralbanken und der Europäischen Zentralbank (ESZB-Satzung).

[147] Auch Gros/Hefeker (2000) setzen sich mit der Frage auseinander, ob die EZB unionsweite Ziele oder (gewichtete) nationale Ziele optimieren soll. Aksoy et al. (2002) untersuchen den möglichen Einfluss nationaler Interessen der Mitglieder des Zentralbankrates auf die Notenbankpolitik. Vgl. auch Nolan (2002).

$$\bar{y} = -\frac{2(1+\alpha_1)\alpha_2 z(1-\varphi)}{z(1+\alpha_1)+\alpha_1\left(2\varphi^2-2\varphi+1\right)+1}\left(w-w^*\right)$$

$$\bar{y}^* = -\frac{2(1+\alpha_1)\alpha_2 z\varphi}{z(1+\alpha_1)+\alpha_1\left(2\varphi^2-2\varphi+1\right)+1}\left(w^*-w\right)$$

(3.33) $$\bar{p} = w$$

$$\bar{p}^* = w^*$$

$$\bar{i} = \frac{\alpha_2(1+\alpha_1)(1+z)(2\varphi-1)}{\alpha_1\left(z(1+\alpha_1)+\alpha_1\left(2\varphi^2-2\varphi+1\right)+1\right)}\left(w^*-w\right)$$

(3.34) $$\overline{VR} = \frac{2\alpha_2^{\,2} z(1-\varphi)^2\left(z(1+\alpha_1)^2+\alpha_1\left((1-\varphi)+1\right)^2\right)}{\left(z(1+\alpha_1)+\alpha_1\left(2\varphi^2-2\varphi+1\right)+1\right)^2}\left(w-w^*\right)^2+\frac{x}{2}w^2$$

(3.35) $$\overline{VR}^* = \frac{2\alpha_2^{\,2} z\varphi^2\left(z(1+\alpha_1)^2+\alpha_1(\varphi+1)^2\right)}{\left(z(1+\alpha_1)+\alpha_1\left(2\varphi^2-2\varphi+1\right)+1\right)^2}\left(w-w^*\right)^2+\frac{x}{2}w^{*2}$$

(3.36) $$\overline{VN} = \frac{x}{2}\left(\varphi w+(1-\varphi)w^*\right)^2$$

Der Inhalt der **Tab. 3.1** modifiziert sich insofern, als die Präferenz der Notenbank für eines der beiden Währungssysteme nunmehr unbestimmt ist (vgl. **Tab. 3.2**). Für die Entscheidung, welches Währungssystem die einzelnen Länder bevorzugen, ist die Wahl der Nutzenfunktion der Notenbank unerheblich.

Tab. 3.2 *Optimale Cournot-Nash-Verlustniveaus in Abhängigkeit vom Währungssystem bei symmetrischen Angebotsstrukturen (Verlustfunktion der Notenbank* (3.32)).

Reg. Inl.	*Verl. Währungsunion*	>	*Verl. Wechselkurs-Union*
Reg. Ausl.		<	
Notenbank		?	
Reg. addiert		<	

Ob überhaupt, und wenn ja auf welche Zielfunktion der Notenbank sich die Teilnehmerstaaten an der Währungsunion aus Sicht des Modells einigen könnten, hängt von einem Vergleich der optimalen Verlustniveaus der Länder unter beiden Notenbankregimes ab. Es zeigt sich, dass die Regierungen nur bei gleichen Größenverhältnissen der Volkswirtschaften gegenüber der Zielfunktion der Notenbank indifferent sind. Die Notenbank realisiert bei Gewichtung einen geringeren Verlust. Bei unterschiedlichen Größenverhältnissen profitiert das größere Land von der Gewichtung der Zielgrößen (vgl. **Tab. 3.3**). Der Grund ist, dass die makroökonomischen Ziele des kleineren Landes im ungewichteten Fall „überrepräsentiert" sind. Aus dem hier verwendeten Modell heraus, bedeutet aus Sicht der Regierungen keine der Verlustfunktionen der Notenbank eine Pareto-Verbesserung gegenüber der anderen. In der Argumentation des Modells stellt die gewichtete Version ebenso ein Zugeständnis des kleineren Landes an das größere dar, wie das System der Währungsunion gegenüber der Wechselkursunion ein Zugeständnis des ehemaligen Leitwährungslandes an das ehemalige Schwachwährungsland bedeutet. Die in den **Abb. 3.3** und **3.4** veranschaulichten Zusammenhänge bleiben auch für eine gewichtete Notenbankverlustfunktion erhalten.

Tab. 3.3 *Optimale Cournot-Nash-Verlustniveaus in Abhängigkeit von der Verlustfunktion der Notenbank.*

<table>
<tr><td>Reg. Inl.</td><td rowspan="4">Verlust bei
$VN =$
$\frac{1}{2}\left[\varphi y+(1-\varphi)y^*\right]^2$
$+\frac{x}{2}\left[\varphi p+(1-\varphi)p^*\right]^2$</td><td>$>$ $[0\le\varphi<0,5]$
$=$ $[\varphi=0,5]$
$<$ $[0,5<\varphi\le 1]$</td><td rowspan="4">Verlust bei
$VN =$
$\frac{1}{2}\left(y^2+y^{*2}\right)$
$+\frac{x}{2}\left(p^2+p^{*2}\right)$</td></tr>
<tr><td>Reg. Ausl.</td><td>$>$ $[0\le(1-\varphi)<0,5]$
$=$ $[(1-\varphi)=0,5]$
$<$ $[0,5<(1-\varphi)\le 1]$</td></tr>
<tr><td>Notenbank</td><td>$<$</td></tr>
<tr><td>Reg. addiert</td><td>$>$ $(\varphi\ne 0,5)$
$=$ $(\varphi=0,5)$</td></tr>
</table>

3.2.2 Die Kooperationslösung

> *„(D)ie Haushaltspolitik (sollte) die Rückwirkungen für die übrigen WWU-Mitglieder und die aus der finanzpolitischen Disziplin herrührenden Beschränkungen berücksichtigen."*[148]

Zunächst soll angenommen werden, dass die Regierungen kooperieren und gegenüber der Notenbank eine Nash-Strategie verfolgen, wie auch die Notenbank gegenüber den Regierungen. Für die Währungsunion mit ungewichteter Notenbankverlustfunktion (3.3) lautet die sich aus den Bedingungen erster Ordnung ergebende Lösung für die Aktionsparameter:[149]

---

[148] Kommission der Europäischen Gemeinschaften, Generaldirektion Wirtschaft und Finanzen (1990, S. 183).

[149] Formal optimiert bei fiskalpolitischer Kooperation jede Regierung ihre Verlustfunktion auch nach dem fiskalpolitischen Aktionsparameter ihres Gegenübers. Ein anderer, äquivalenter Weg ist, sich fiskalpolitische Kooperation so vorzustellen, dass ein supranationaler „fiskalpolitischer Planer" die nationalen Verlustfunktionen addiert und nach g und g^* optimiert. Auf die Auflösung der Bedingungen erster Ordnung nach den Aktionsparame-

(3.37) $$\overline{g}=\underbrace{\frac{\alpha_2}{1+z}}_{+}\left(w-w^*\right)$$

(3.38) $$\overline{g}^*=\underbrace{\frac{\alpha_2}{1+z}}_{+}\left(w^*-w\right)$$

(3.39) $$\overline{m}=\underbrace{\frac{\alpha_2 z(1-2\varphi)+\varphi(1+z)}{1+z}}_{\substack{+\ \ 0\leq\varphi\leq 0{,}5\\ ?\ \ 0{,}5<\varphi\leq 1}}w+\underbrace{\frac{-\alpha_2 z(1-2\varphi)+(1-\varphi)(1+z)}{1+z}}_{\substack{+\ \ 0\leq(1-\varphi)\leq 0{,}5\\ ?\ \ 0{,}5<(1-\varphi)\leq 1}}w^*$$

Die optimalen Verlustniveaus sind:

(3.40) $$\overline{VR}=\frac{\alpha_2{}^2 z}{2(1+z)}\left(w-w^*\right)^2+\frac{x}{2}w^2$$

(3.41) $$\overline{VR}^*=\frac{\alpha_2{}^2 z}{2(1+z)}\left(w-w^*\right)^2+\frac{x}{2}w^{*2}$$

(3.42) $$\overline{VN}=\frac{\left(\alpha_2 z\right)^2}{\left(1+z\right)^2}\left(w-w^*\right)^2+\frac{x}{2}\left(w^2+w^{*2}\right)$$

Als Optimalwerte für Output, Inflationsrate und Zins erhält man:

$$\overline{y}=-\frac{\alpha_2 z}{1+z}\left(w-w^*\right),\ \overline{y}^*=-\frac{\alpha_2 z}{1+z}\left(w^*-w\right)$$

(3.43) $$\overline{p}=w,\ \overline{p}^*=w^*$$

$$\overline{i}=0$$

Als optimale Verlustniveaus bzw. optimale makroökonomische Zielgrößen bei fiskalpolitischer Kooperation mit gewichteter Zielfunktion der Notenbank (3.32) ergeben sich:

(3.44) $$\overline{VR}=\frac{2\alpha_2{}^2 z\left(\left(1-\varphi\right)^2 z\left(1+\alpha_1\right)^2+\left(\alpha_1\left(2\varphi^2-2\varphi+1\right)+\left(1-\varphi\right)\right)^2\right)}{\left(z\left(1+\alpha_1\right)+2\alpha_1\left(2\varphi^2-2\varphi+1\right)+1\right)^2}\left(w-w^*\right)^2$$

---

tern (im Nash-Fall als Reaktionsfunktionen bezeichnet) soll hier verzichtet werden, obwohl dies formal natürlich möglich wäre. De facto macht es keinen Unterschied, ob der Einsatz wirtschaftspolitischer Maßnahmen durch eine supranationale Institution beschlossen wird oder die einzelnen Akteure ihr Handeln im Sinne der „Gesamtwohlfahrt" koordinieren. Entscheidend ist, dass die nationalen Politikinstrumente nicht mehr den nationalen Interessen verpflichtet sind und die Einzelstaaten somit – aus welchen Gründen kann zunächst offen bleiben – Souveränität zugunsten der Union abgegeben haben. In diesem Sinne „reagieren" die Mitgliedsländer nicht mehr souverän auf die Aktionen ihres Gegenübers. Die Darstellung von „Reaktionsfunktionen" ergibt für die Kooperationslösung ökonomisch wenig Sinn, da der Einsatz der Politikinstrumente das Ergebnis einer koordinierten Aktion ist.

(3.45) $$\overline{VR}^* = \frac{2\alpha_2^2 z\left(\varphi^2 z(1+\alpha_1)^2 + \left(\alpha_1\left(2\varphi^2 - 2\varphi + 1\right) + \varphi\right)^2\right)}{\left(z(1+\alpha_1) + 2\alpha_1\left(2\varphi^2 - 2\varphi + 1\right) + 1\right)^2}\left(w - w^*\right)^2$$

(3.46) $$\overline{VN} = \frac{x}{2}\left(\varphi w + (1-\varphi) w^*\right)^2$$

$$\overline{y} = -\frac{2\alpha_2 z(1+\alpha_1)(1-\varphi)}{z(1+\alpha_1) + 2\alpha_1\left(2\varphi^2 - 2\varphi + 1\right) + 1}\left(w - w^*\right)$$

$$\overline{y}^* = -\frac{2\alpha_2 z(1+\alpha_1)\varphi}{z(1+\alpha_1) + 2\alpha_1\left(2\varphi^2 - 2\varphi + 1\right) + 1}\left(w^* - w\right)$$

(3.47) $$\overline{p} = w$$

$$\overline{p}^* = w^*$$

$$\overline{i} = \frac{\alpha_2(1-2\varphi)\left(z(1+\alpha_1)+1\right)}{\alpha_1\left(z(1+\alpha_1) + 2\alpha_1\left(2\varphi^2 - 2\varphi + 1\right) + 1\right)}\left(w - w^*\right)$$

Anders als im zuvor betrachteten Fall einer ausschließlich auf das Preisziel verpflichteten Notenbank, ist eine stärkere Präferenz für einen ausgeglichenen Haushalt hier in keinem Fall geeignet, eine Verringerung der optimalen Verluste herbeizuführen. Die Notenbank kann bei Kooperation, wie auch schon unter Nash-Bedingungen, ihren geringst möglichen Verlust realisieren, der unter den hier getroffenen keynesianischen Annahmen möglich ist. Dieser ist lediglich von der unionsweiten Inflationsrate $p^{WU} \equiv \varphi p + (1-\varphi) p^* = \varphi w + (1-\varphi) w^*$ abhängig, die ja nachfrageseitig hier nicht stabilisiert werden kann. Gleichung (3.46) ergibt sich aus dem Umstand, dass die Notenbank nur unionsweite Abweichungen vom Durchschnittswert von Inflation bzw. Wachstum als Verlust wertet. Das unionsweite Wachstum wird nach einem Schock jedoch vollständig stabilisiert, und zwar im Nash-Spiel wie bei Kooperation (analog zu den **Abb. 3.1** und **3.2**).

Für beide Zielfunktionen gilt, sofern die Volkswirtschaften gleich groß sind, die in **Tab. 3.4** dargestellt Auszahlungsmatrix. In diesem Fall befinden sich die Regierungen in einem Gefangenendilemma. Die Zahlenpaare in **Tab. 3.4** bezeichnen die Rangfolge, die die Akteure (Inland/Ausland) den jeweiligen Strategiekombinationen beimessen. Aus der Tabelle geht hervor, dass beide Akteure die Kooperationslösung der Nash-Lösung vorziehen würden. Ausgehend von der Kooperationslösung hat aber jeder Akteur einen Anreiz, von der Vereinbarung abzuweichen, vorausgesetzt der andere behält seine Kooperationsstrategie bei. Da beide so denken, würde sich in einem einmaligen Spiel die suboptimale Nash-Lösung einstellen. Sollte das Ausland weiter die Kooperationspolitik verfolgen, während das Inland von der Vereinbarung abgewichen ist, stellt sich jenes auf jeden Fall schlechter als bei beiderseitig eingehaltener Kooperation und sogar schlechter als bei der Nash-Lösung. In einem einmaligen Spiel, wie in der ursprünglichen Formulierung des Gefangenendilemmas, erscheint das „Betrugsverhalten" durchaus plausibel. Stellt man sich jedoch vor, dass sich diese Spielsituation mehrmals stellt, was bezüglich der Notwendigkeit stabilitätspolitischer Maßnahmen der Fall ist, erscheint es realistischer anzunehmen, dass die Regierungen sich kooperativ verhalten. Hierzu wird es keiner institutioneller Regelungen bedürfen. Die drohende „Bestrafung" bei Abweichen von der Pareto-optimalen Kooperationslösung besteht in einem Rückfall auf die Nash-Position, die für beide Regierungen nachteilig ist.[150]

Tab. 3.4 ***Auszahlungsmatrix für die Regierungen für Kooperation und Nash bei gleich großen Volkswirtschaften.***

		Regierung Ausland	
		Kooperation	*Nash*
Regierung Inland	*Kooperation*	2/2	4/1
	Nash	1/4	3/3

Anhand der unten aufgeführten **Tab. 3.5** ist auch zu erkennen, wie sich die fiskalpolitische Kooperationslösung unter Wohlfahrtsgesichtspunkten zur Cournot-Nash-Lösung verhält, wenn die Volkswirtschaften ungleich groß sind. Die Kooperationslösung ist dann keineswegs mehr zwangsläufig Pareto-optimal. Wie aus **Tab. 3.5b)** hervorgeht, wird sich bei einer gewichteten Zielfunktion der Notenbank für $\varphi \neq 0{,}5$ keine Kooperationslösung einstellen. Im Falle einer ungewichteten Zielfunktion der Notenbank ist dagegen nicht ausgeschlossen, dass Kooperation auch für $\varphi \neq 0{,}5$ eine Pareto-Verbesserung bedeutet (vgl. **Tab. 3.5a)**), da das kleinere Land in jedem Fall davon profitiert, das größere unter bestimmten Parameterannahmen. Generell gilt, dass es durch Kooperation zur Internalisierung externer Effekte kommt. Dieser Effekt wirkt sich auf das kleinere Land positiv und auf das größere negativ aus, wie gezeigt wurde. Wenn Kooperation für das größere Land dennoch sinnvoll sein kann, dann muss dieser Nachteil anderweitig kompensiert werden. Dies kann der Fall sein, wenn z einen bestimmten Wert übersteigt, so dass die Kosten fiskalpolitischer Stabilisierung relativ hoch sind. Es ist jedoch eindeutig, dass diese Verbesserung nicht wie im Fall einer passiven Notenbank durch ein höheres z zu erreichen ist. Je geringer der Größenunterschied, desto eher wird es zu Kooperation kommen. Mit zunehmendem Größenunterschied steigt der Vorteil des größeren Landes aus seiner Ausbeuterposition gegenüber dem kleineren Land. Entsprechend ist für das größere Land Kooperation nur dann sinnvoll, wenn z *ceteris paribus*

---

[150] Vgl. auch Fn. 119.

höher ist. Mit steigendem z kann also die Motivation zur Kooperation steigen, aber nur um den Preis eines höheren Verlusts beider Regierungen.[151]
Optimiert die Notenbank eine gewichtete Zielfunktion, ist diese Kompensationsmöglichkeit für das größere Land nicht mehr gegeben, und der Anreiz zu fiskalpolitischer Kooperation entfällt. Offensichtlich ist es so, dass sich die Fiskalpolitik in diesem Fall auf einem effizienten Kurs befindet, so dass ein hypothetisches beiderseitiges Abweichen von der Nash-Strategie hin zur Kooperation in jedem Fall mit Nutzeneinbußen verbunden ist.

Tab. 3.5a) *Vergleich der Verlustniveaus Kooperationslösung vs. Nash mit Notenbankverlustfunktion* (3.3).

Regierung Inland	*Verlust fiskalpolitische Kooperation*	$<\ (0 \leq \varphi \leq 0{,}5)$ $?\ (0{,}5 < \varphi < 1)$ $>\ (\varphi = 1)$	*Verlust Cournot-Nash*
Regierung Ausland		$<\ [0 \leq (1-\varphi) \leq 0{,}5]$ $?\ [0{,}5 < (1-\varphi) < 1]$ $>\ [(1-\varphi) = 1]$	
Notenbank		$<$	
Reg. addiert		$<$	

Tab. 3.5b) *Vergleich der Verlustniveaus Kooperationslösung vs. Nash mit Notenbankverlustfunktion* (3.32).

Regierung Inland	*Verlust fiskalpolitische Kooperation*	$<\ (0 \leq \varphi \leq 0{,}5)$ $>\ (0{,}5 < \varphi \leq 1)$	*Verlust Cournot-Nash*
Regierung Ausland		$<\ [0 \leq (1-\varphi) \leq 0{,}5]$ $>\ [0{,}5 < (1-\varphi) \leq 1]$	
Notenbank		$=$	
Reg. addiert		$<$	

Aus einer naiv-utilitaristischen Sicht wäre eine Kooperation in jedem Fall wünschenswert, das heißt, auch dann, wenn Kooperation keine Pareto-Verbesserung bedeutet, da der Nutzenverlust, den ein Spieler durch die Kooperation erleidet, durch den Nutzenzuwachs des anderen Spielers überkompensiert wird. Die Fra-

[151] Von daher bestätigt sich die Vermutung von Corsetti/Roubini (1993; S. 48): "If governments were benevolent optimizing agents, then binding fiscal rules might not be necessary."

ge, ob eine solche Ordnung auch „gerecht" wäre, liegt jedoch außerhalb der Problemstellung dieser Arbeit.[152]

Bisher wurde nur die Frage untersucht, wie sich fiskalpolitische Kooperation im Vergleich zur Cournot-Nash-Lösung darstellt. Grundsätzlich ist jedoch auch eine Kooperation aller Akteure denkbar. In diesem Fall ist der Verlust für beide Regierungen bei ungewichteter Zielfunktion der Notenbank größer als bei fiskalpolitischer Kooperation. Lediglich die Notenbank würde von einer solchen „konzertierten Aktion" profitieren. Da die Zielfunktion der Notenbank jedoch nur im Hinblick auf die Optimalwerte der Regierungen (die ja annahmegemäß die Präferenzen der Individuen vertreten) von Bedeutung ist, ergibt sich keine neue Erkenntnis. Mit gewichteter Zielfunktion der Notenbank würden sich die Regierungen zwar besser stellen, an der Situation wie in **Tab. 3.5b)** dargestellt, würde sich aber nichts ändern. Für die Notenbank ergäbe sich ein höherer Verlust. Zudem dürfte es fraglich sein, ob eine solche „gesamtwirtschaftliche" Kooperation zustande kommen könnte, da sich unabhängig von der Form der Notenbankzielfunktion mindestens ein Akteur dadurch schlechter stellen würde.

3.2.3 Das Stackelberg-Spiel

3.2.3.1 Die Notenbank als Stackelberg-Führer

Eine weitere Möglichkeit, die strategischen Konfliktbeziehungen von Regierungen und Notenbank abzubilden, ist das Stackelberg-Spiel.[153] Den folgenden Überlegungen liegt die Verlustfunktion der Notenbank in der Form (3.3) zugrunde. Zunächst wird davon ausgegangen, dass die Notenbank gegenüber den Regierungen die Rolle des leaders einnimmt. Für die Regierungen untereinander sind wiederum verschiedene Optionen denkbar, die im Folgenden untersucht werden sollen. Zunächst wird angenommen, dass sich die Regierungen untereinander wie Nash-Spieler verhalten (**Tab. 3.6**). Für gleich große Volkswirtschaften sind alle Akteure indifferent gegenüber der Nash-Lösung. Für $\varphi \neq 0,5$ würde die Notenbank aus ihrer Rolle als leader Nutzen ziehen, ebenso das größere Land. Bemerkenswert ist, dass das Stackelberg-Spiel auch dann nicht die bessere Lösung ist, wenn man die optimalen Verluste der Regierungen addiert. Offensichtlich wird der Nutzen, den das größere Land aus dem Stackelberg-Spiel zieht, vom Nachteil des kleineren Landes übertroffen. Für $\varphi \neq 0,5$ kann die Stackelberg-Lösung keine Pareto-Verbesserung sein, für $\varphi = 0,5$ sind Stackelberg- und Nash-Lösung identisch, so dass sich ohne weitere Annahmen die Nash-

---

152 "An economy can be optimal in this sense even when some people are rolling in luxury cars and others are near starvation as long as the starvers cannot be made better off without cutting the pleasures of the rich. If preventing the burning of Rome would have made Emperor Nero feel worse off, then letting him burn down Rome would have been Pareto-optimal. In short, a society or an economy can be Pareto-optimal and still be perfectly disgusting." Sen (1970, S. 22). Vgl. auch Rawls ([9]1976, S. 40 ff.).

153 Vgl. dazu auch die einleitenden Bemerkungen zu Beginn des 3. Kapitels.

Lösung einstellen dürfte, es sei denn, man begründet eine leader-Position der Notenbank mit ihrer politischen Unabhängigkeit, die diese eher als die Regierungen in die Lage versetzen könnte, den Verlust zu „ertragen", der entstünde, wenn die Regierungen versuchen würden, andere Werte für ihre Aktionsparameter zu wählen, als gemäß ihrer follower-Rolle optimal wären. Aus dieser Sicht erscheint es für das größere Land rational, für eine politische Unabhängigkeit der gemeinsamen Notenbank zu plädieren, während aus Sicht des kleineren Landes eine stärkere politische Kontrolle vorteilhafter wäre.

Tab. 3.6 *Stackelberg- (Notenbank als leader, Regierungen follower, Regierungen untereinander Nash) vs. Nash-Lösung.*

<table>
<tr><td>Regierung Inland</td><td rowspan="4">Verlust Stackelberg</td><td>$> \; (0 \le \varphi < 0{,}5)$
$= \; (\varphi = 0{,}5)$
$< \; (0{,}5 < \varphi \le 1)$</td><td rowspan="4">Verlust Cournot-Nash</td></tr>
<tr><td>Regierung Ausland</td><td>$> \; [0 \le (1-\varphi) < 0{,}5]$
$= \; [(1-\varphi) = 0{,}5]$
$< \; [0{,}5 < (1-\varphi) \le 1]$</td></tr>
<tr><td>Notenbank</td><td>$< \; (\varphi \ne 0{,}5)$
$= \; (\varphi = 0{,}5)$</td></tr>
<tr><td>Regierungen addiert</td><td>$> \; (\varphi \ne 0{,}5)$
$= \; (\varphi = 0{,}5)$</td></tr>
</table>

Tab. 3.7 *Stackelberg- (Notenbank als leader, Regierungen follower, Regierungen kooperieren) vs. Nash-Lösung.*

<table>
<tr><td>Regierung Inland</td><td rowspan="4">Verlust Stackelberg</td><td>$? \; (\varphi \ne 0{,}5)$
$< \; (\varphi = 0{,}5)$</td><td rowspan="4">Verlust Cournot-Nash</td></tr>
<tr><td>Regierung Ausland</td><td>$? \; (\varphi \ne 0{,}5)$
$< \; (\varphi = 0{,}5)$</td></tr>
<tr><td>Notenbank</td><td>$<$</td></tr>
<tr><td>Regierungen addiert</td><td>$? \; (\varphi \ne 0{,}5)$
$< \; (\varphi = 0{,}5)$</td></tr>
</table>

Als weitere spieltheoretische Konstellation wäre denkbar, dass die Notenbank nach wie vor die Führungsrolle annimmt, die Regierungen jedoch miteinander kooperieren (vgl. **Tab. 3.7**). Für symmetrische Volkswirtschaften wäre diese Konstellation für alle Akteure vorteilhaft. Für ungleich große Volkswirtschaften ist es parameterabhängig, ob ein Land davon profitiert. Es ist auch nicht ausgeschlossen, dass beide Länder zugleich profitieren, so dass für alle φ eine Pareto-Verbesserung möglich ist.

Eine weitere Stackelberg-Variante ist, dass die Notenbank wie zuvor die Führungsrolle übernimmt und die Regierungen sich ebenfalls wie Stackelberg-Spieler verhalten. Aufgrund der Komplexität der Berechnungen können interpretierbare Ergebnisse nur bei zusätzlichen Parameterannahmen gewonnen werden (hier: $\alpha_1 = \alpha_2 = 1$).

Aus **Tab. 3.8** geht hervor, dass, gesetzt den Fall, die Notenbank nimmt gegenüber den Regierungen die Rolle des Stackelberg-Führers ein, es sich für keine der beiden Regierungen lohnt, ihrerseits wiederum die Rolle des leaders gegenüber der anderen Regierung einzunehmen. Als weiterer Punkt kommt hinzu, dass die Notenbank keinen Anlass hat, gegenüber den Regierungen die Rolle des leaders zu übernehmen, so dass die Möglichkeit eines Stackelberg-Spiels der Regierungen untereinander bei follower-Position gegenüber der Notenbank verworfen werden kann.

Tab. 3.8 *Stackelberg- (Notenbank als leader, Regierungen follower, Regierungen untereinander Stackelberg) vs. Nash-Lösung.*

		Reg. Inland leader	Reg. Ausland leader	
Reg. Inl.	*Verlust Stackelberg*	>	> $[0 \le (1-\varphi) \le 0{,}5]$ < $[0{,}5 < (1-\varphi) \le 1]$	*Verlust Cournot-Nash*
Reg. Ausl.		> $(0 \le \varphi \le 0{,}5)$ < $(0{,}5 < \varphi \le 1)$	>	
Notenbank		>	>	
Reg. add.		> $(0 \le \varphi \le 0{,}5)$? $(0{,}5 < \varphi \le 1)$	> $[0 \le (1-\varphi) \le 0{,}5]$? $[0{,}5 < (1-\varphi) \le 1]$	

3.2.3.2 Fiskalpolitik als Stackelberg-Führer

Analog zum Abschnitt 3.2.3.1 werden nun strategische Konstellationen untersucht, in denen die Regierungen gegenüber der Notenbank die Rolle des Stackelberg-Führers innehaben. Auch in diesem Fall sind wieder verschiedene Fälle der Interaktionsform der Regierungen untereinander denkbar, die hinsichtlich der jeweiligen optimalen Verlustniveaus mit dem Cournot-Nash-Ergebnis verglichen werden sollen. Die Ergebnisse für die Konstellation Regierungen als leader (mit Nash-Verhalten untereinander) und Notenbank als follower sind in **Tab. 3.9** dargestellt.

Tab. 3.9 *Stackelberg- (Regierungen als leader, untereinander Nash, Notenbank follower) vs. Nash-Lösung.*

Reg. Inl.	*Verlust Stackelberg*	? $(0 \le \varphi < 0{,}5)$ $>$ $(0{,}5 \le \varphi \le 1)$	*Verlust Cournot-Nash*
Reg. Ausl.		? $\left[0 \le (1-\varphi) < 0{,}5\right]$ $>$ $\left[0{,}5 \le (1-\varphi) \le 1\right]$	
Notenbank		$>$	
Reg. addiert		? $(\varphi \ne 0{,}5)$ $>$ $(\varphi = 0{,}5)$	

Tab. 3.10 *Stackelberg- (Regierungen als leader, untereinander Kooperation, Notenbank follower) vs. Nash-Lösung.*

Reg. Inl.	*Verlust Stackelberg*	$<$ $(0 \le \varphi \le 0{,}5)$? $(0{,}5 < \varphi < 1)$ $>$ $(\varphi = 1)$	*Verlust Cournot-Nash*
Reg. Ausl.		$<$ $\left[0 \le (1-\varphi) \le 0{,}5\right]$? $\left[0{,}5 < (1-\varphi) < 1\right]$ $>$ $\left[(1-\varphi) = 1\right]$	
Notenbank		$<$	
Reg. addiert		$<$	

Tab. 3.11 *Stackelberg- (Regierungen als leader, untereinander Stackelberg, Notenbank follower) vs. Nash-Lösung.*

		Reg. Inland leader	Reg. Ausland leader	
Regierungen addiert	*Verlust Stackelberg*	? $(\varphi \ne 0{,}5)$ $>$ $(\varphi = 0{,}5)$	? $\left[(1-\varphi) \ne 0{,}5\right]$ $>$ $\left[(1-\varphi) = 0{,}5\right]$	*Verlust Cournot-Nash*
Reg. Inl.		?	$>$ $\left[0 \le (1-\varphi) \le 0{,}5\right]$? $\left[0{,}5 < (1-\varphi) \le 1\right]$	
Reg. Ausl.		$>$ $(0 \le \varphi \le 0{,}5)$? $(0{,}5 < \varphi \le 1)$	?	
Notenbank		$>$	$>$	

Für gleich große Länder werden die Regierungen die Rolle des leaders nicht einnehmen. Für $\varphi \neq 0{,}5$ kann nur das kleinere Land unter Umständen von der Stackelberg-Führerschaft der Fiskalpolitik profitieren. Das größere Land erleidet jedoch parameterunabhängig einen Schaden aus dieser Konstellation, ebenso wie die Notenbank, so dass beide ein Nash-Spiel aller Akteure bevorzugen würden.
Eine weitere Möglichkeit der Interaktion ist, dass die Regierungen gegenüber der Notenbank wie zuvor die Rolle des leaders einnehmen, untereinander jedoch kooperieren (**Tab. 3.10**). Für gleich große Volkswirtschaften bedeutet die leader-Rolle dann für beide Volkswirtschaften einen Vorteil gegenüber der Nash-Lösung. Für die beiden Randwerte $\varphi = 0$ und $\varphi = 1$ kann diese Variante des Stackelberg-Spiels keine Pareto-Verbesserung bedeuten, für andere Werte unter Umständen schon. Die Notenbank profitiert parameterunabhängig von ihrer Rolle als follower im Vergleich zu ihrem Nash-Ergebnis.

3.3 Strategisches Verhalten unter verschiedenen Angebotsstrukturen

Nachdem bisher Volkswirtschaften betrachtet wurden, die symmetrische Strukturen aufwiesen, soll diese Annahme nun dergestalt modifiziert werden, dass länderspezifische Steigungen der gesamtwirtschaftlichen Angebotsfunktion zugelassen werden, so dass die Angebotsseiten der Volkswirtschaften nunmehr durch

(3.48) $$y = \frac{\beta}{1-\beta}(p - w) \Leftrightarrow p = w + \frac{1-\beta}{\beta} y$$

(3.49) $$y^* = \frac{\beta^*}{1-\beta^*}(p^* - w^*) \Leftrightarrow p^* = w^* + \frac{1-\beta^*}{\beta^*} y^*$$

beschrieben werden. Die Aufgabe der angebotsseitigen Symmetrieannahme erhöht die Komplexität der Modelllösung erheblich, so dass gerade im Hinblick auf die Interpretierbarkeit der spieltheoretischen Untersuchungen weitgehende Vereinfachungen nötig sind. Mögliche plausible Parametereinschränkungen sind in **Tab. 3.12** bzw. **Tab. 3.13** wiedergegeben.
Die Parameterwahl, die der **Tab. 3.12** zugrunde liegt, würde, wie zuvor gezeigt wurde, bei identischen Angebotsstrukturen zu einer *beggar-thy-neighbor*-Konstellation führen: Expansive heimische Fiskalpolitik führt über den gestiegenen Zins zu einem Nachfragerückgang im anderen Land. Bei asymmetrischen Angebotsstrukturen wirkt diesem Zinseffekt jedoch noch ein anderer Effekt entgegen, der auf Veränderungen der relativen Wettbewerbsposition beruht. Ein expansiver inländischer Fiskalimpuls ist mit einem Anstieg der inländischen Inflationsrate verbunden, was einen tendenziellen Anstieg des ausländischen Einkommens bedeutet. Welcher dieser beiden Effekte dominiert, hängt in der angegebenen Weise von der Relation von $(1-\varphi)$ und β ab. Je größer β, desto geringer die Steigung der inländischen Angebotsfunktion, desto geringer der in-

ländische Preisanstieg infolge der expansiven Geldpolitik und desto geringer also der expansive Effekt auf das Inlandseinkommen. Wie stark der Anstieg des Zinses ist, hängt von den Größenverhältnissen der Volkswirtschaften ab. Je größer das Ausland in Relation zum Inland ist, desto weniger wird sich die höhere Nachfrage nach (Real-)Kasse infolge des durch die inländische Fiskalpolitik induzierten Anstiegs des Auslandseinkommens in einer kontraktiv wirkenden Zinssteigerung niederschlagen.

Tab. 3.12 *Vorzeichen der Multiplikatoren für länderspezifische Angebotsparameter in einer Währungsunion mit* $\alpha_1 = \alpha_2 = \alpha_3 = b = k = 1$ *und* $\alpha_4 = 0$.

	dm	dg	dg^*	dw	dw^*
dy	+	+	+ $[\varphi > \beta^*]$ 0 $[\varphi = \beta^*]$ − $[\varphi < \beta^*]$	−	+
dy^*	+	+ $[(1-\varphi) > \beta]$ 0 $[(1-\varphi) = \beta]$ − $[(1-\varphi) < \beta]$	+	+	−
dp	+	+	+ $[\varphi > \beta^*]$ 0 $[\varphi = \beta^*]$ − $[\varphi < \beta^*]$	+	+
dp^*	+	+ $[(1-\varphi) > \beta]$ 0 $[(1-\varphi) = \beta]$ − $[(1-\varphi) < \beta]$	+	+	+
di	−	+	+	+	+

Für die spieltheoretischen Betrachtungen erweist es sich als zweckmäßig, von symmetrischen Angebotsschocks auszugehen.[154] Außerdem sei $\beta^* = 0{,}5$, so dass sich für die ausländische Angebotsfunktion eine Steigung von $\frac{dp^*}{dy^*} = 1$ ergibt. Der Parameter β wird in allgemeiner Form verwendet. Des weiteren wird für die Währungsunion von gleich großen Ländern ($\varphi = 0{,}5$) ausgegangen.

[154] In Analogie zu den vorangegangenen Untersuchungen, wo die Wirkung asymmetrischer Angebotsstörungen bei symmetrischen Angebotsstrukturen betrachtet wurden.

Tab. 3.13 *Vorzeichen der Multiplikatoren für länderspezifische Angebotsparameter in einer Währungsunion mit* $\alpha_2 = \alpha_3 = b = k = 1$ *und* $0 \le \alpha_1 = \alpha_4 < 1$.

	dm	dg	dg^*	dw	dw^*
dy	+	+	+	–	+
dy^*	+	+	+	+	–
dp	+	+	+	+	+
dp^*	+	ǀ	+	+	+
di	–	+	+	+	+

Tab. 3.14 *Optimale Cournot-Nash-Verlustniveaus in Abhängigkeit vom Währungssystem bei asymmetrischen Angebotsstrukturen mit* $\alpha_1 = \alpha_2 = \alpha_3 = b = k = 1$, $\beta^* = 0{,}5$, $\alpha_4 = 0$, $w^* = w$ *und* $\varphi = 0{,}5$.

<table>
<tr><td>Reg. Inl.</td><td rowspan="4">Verlust Währungs-Union</td><td>></td><td rowspan="4">Verlust Wechselkurs-union</td></tr>
<tr><td>Reg. Ausl.</td><td><</td></tr>
<tr><td>Notenbank</td><td>$> \; [\beta < 0{,}5]$
$= \; [\beta = 0{,}5]$*
$< \; [\beta > 0{,}5]$</td></tr>
<tr><td>Reg. addiert</td><td>$< \; [\beta \neq 0{,}5]$
$= \; [\beta = 0{,}5]$</td></tr>
</table>

* Das Gleichheitszeichen gilt für den Fall, dass die Notenbank des Leitwährungslandes die Ziele des anderen Landes gleichgewichtet berücksichtigt Werden nur die Ziele des Inlandes als Leitwährungsland berücksichtigt, gilt „?“. Die übrigen Relationen sind in beiden Fällen identisch.

Tab. 3.15 *Optimale Cournot-Nash-Verlustniveaus in Abhängigkeit von der Verlustfunktion der Notenbank bei asymmetrischen Angebotsstrukturen.*

<table>
<tr><td>Reg. Inl.</td><td rowspan="3">Verlust bei VN =
$\frac{1}{2}\left(\frac{y+y^*}{2}\right)^2$
$+\frac{x}{2}\left(\frac{p+p^*}{2}\right)^2$</td><td>$? \; [\beta \neq 0{,}5]$
$= \; [\beta = 0{,}5]$</td><td rowspan="3">Verlust bei VN =
$\frac{1}{2}\left(y^2 + y^{*2}\right)$
$+\frac{x}{2}\left(p^2 + p^{*2}\right)$</td></tr>
<tr><td>Reg. Ausl.</td><td>$? \; [\beta \neq 0{,}5]$
$= \; [\beta = 0{,}5]$</td></tr>
<tr><td>Notenbank</td><td><</td></tr>
</table>

Die Regierungen von In- und Ausland optimieren erneut ihre Verlustfunktionen (3.1) bis (3.3) unter Berücksichtigung der Lösungen, die qualitativ in **Tab. 3.12** bzw. **Tab. 3.13** wiedergegeben sind. Führt man die entsprechenden Optimierungsverfahren für die Währungsunion und die Wechselkursunion durch, lässt sich die Vorteilhaftigkeit der Währungssysteme für die einzelnen Akteure beurteilen. Aus **Tab. 3.14** geht hervor, dass das Inland als ehemaliges Leitwährungsland bei asymmetrischen Angebotsstrukturen parameterunabhängig einen Verlust erleidet, wenn es Mitglied einer Währungsunion gleich großer Länder wird. Analog profitiert das ehemalige Schwachwährungsland von der Teilnahme an der Währungsunion.

Tab. 3.16a) *Vergleich der Verlustniveaus Kooperationslösung vs. Nash mit Notenbankverlustfunktion (3.3) und asymmetrischen Angebotsstrukturen (zusätzliche Annahme $x = z = 1$).*

<table>
<tr><td>Regierung Inland</td><td rowspan="4">Verlust fiskalpolitische Kooperation</td><td>$<$ $[0 < \beta < 0,5]$
$=$ $[\beta = 0,5]$
$>$ $[0,5 < \beta \leq 1]$</td><td rowspan="4">Verlust Cournot-Nash</td></tr>
<tr><td>Regierung Ausland</td><td>$>$ $[0 < \beta < 0,5]$
$=$ $[\beta = 0,5]$
$<$ $[0,5 < \beta \leq 1]$</td></tr>
<tr><td>Notenbank</td><td>$>$ $[0 < \beta < 0,5]$
$=$ $[\beta = 0,5]$
$<$ $[0,5 < \beta \leq 1]$</td></tr>
<tr><td>Reg. addiert</td><td>$<$</td></tr>
</table>

Tab. 3.16b) *Vergleich der Verlustniveaus Kooperationslösung vs. Nash mit Notenbankverlustfunktion (3.32) und asymmetrischen Angebotsstrukturen.*

<table>
<tr><td>Regierungen addiert</td><td rowspan="4">Verlust fiskalpolitische Kooperation</td><td>$>$ $[0 < \beta < 0,5]$
$=$ $[\beta = 0,5]$
$>$ $[0,5 < \beta < 1]$
$<$ $[\beta = 1]$</td><td rowspan="4">Verlust Cournot-Nash</td></tr>
<tr><td>Regierung Inland</td><td>$<$ $[0 < \beta < 0,5]$
$=$ $[\beta = 0,5]$
$>$ $[0,5 < \beta \leq 1]$</td></tr>
<tr><td>Regierung Ausland</td><td>$>$ $[0 < \beta < 0,5]$
$=$ $[\beta = 0,5]$
$<$ $[0,5 < \beta \leq 1]$</td></tr>
<tr><td>Notenbank</td><td>$<$</td></tr>
</table>

Es zeigt sich, dass die wohlfahrtstheoretischen Implikationen asymmetrischer Angebotsstrukturen den in Abschnitt 3.2 behandelten ähnlich sind. Da der analytische Aufwand größer ist als der zu erwartende Erkenntnisgewinn, soll auf eine Betrachtung der verschiedenen Stackelberg-Spiele hier verzichtet werden. Im Folgenden soll wieder von symmetrischen Angebotsstrukturen bei unterschiedlichen Annahmen bezüglich der relativen Größe der Volkswirtschaften ausgegangen werden.

3.4 Flexible Wechselkurse als Alternative?

Nimmt man flexible Wechselkurse an, erhält man im keynesianischen Fall für Nash- und Stackelberg-Spiel sowie für die Kooperationslösung folgende Optimalwerte:

(3.50) $\overline{m} = w,\ \overline{m}^* = w^*,\ \overline{g} = \overline{g}^* = 0$

(3.51) $\overline{y} = \overline{y}^* = 0,\ \overline{p} = w,\ \overline{p}^* = w^*,\ \overline{i} = 0,\ \overline{e} = w - w^*$

(3.52) $\overline{VR} = \overline{VN} = \frac{x}{2} w^2$

(3.53) $\overline{VR}^* = \overline{VN}^* = \frac{x}{2} w^{*2}$

Bei flexiblen Wechselkursen gilt, dass die Fiskalpolitik in jedem Fall passiv und die Stabilisierung der Geldpolitik überlassen bleibt. Der Output wird in beiden Ländern vollständig stabilisiert.

Die optimalen Verluste bei flexiblen Wechselkursen sind für $w \neq w^*$ kleiner als die in den beiden betrachteten Festkurssystemen zu erzielenden. Nur bei symmetrischen Störungen besteht in wohlfahrtstheoretischer Hinsicht kein Unterschied zu den Festkurssystem Wechselkursunion und Währungsunion. Flexible Wechselkurse sind unter den bisher getroffenen Modellannahmen also die beste Lösung, sowohl in Relation zu den anderen Währungsordnungen als auch unter verschiedenen spieltheoretischen Verhaltensannahmen.

Für alle betrachteten Währungssysteme gilt, dass der Einsatz geldpolitischer Instrumente „kostenlos" in dem Sinne ist, dass die Notenbank keiner Restriktion unterworfen ist, wie dies bei den fiskalpolitischen Maßnahmen der Regierungen der Fall ist. Daher ist es unmittelbar einsichtig, dass symmetrische Störungen unabhängig vom Währungssystem mit geldpolitischen Mitteln stabilisiert werden. Fiskalpolitik kommt in den Festkurssystemen erst dann zum Einsatz, wenn die Geldpolitik passiv bleibt, nämlich beim nationalen, asymmetrischen Anteil der gesamtwirtschaftlichen Störung.

Im System flexibler Wechselkurse besteht kein Anlass zum Einsatz fiskalpolitischer Mittel – hier steht die Geldpolitik auch zur Stabilisierung des asymmetrischen Teils der Störung zur Verfügung und ist das Mittel der Wahl. Aus diesem Grund kommt es auch zu keiner strategischen Interaktion der durch flexible Wechselkurse miteinander verknüpften Volkswirtschaften. Die spillover-Effekte der Stabilisierungspolitik eines Landes können von dem anderen Land in das eigene Stabilisierungskalkül einbezogen werden. Erst wenn auch für die Notenbanken eine Restriktion oder für die Regierungen ein Überbeschäftigungsziel modelliert wird, kommt es auch bei flexiblen Wechselkursen zu strategischen Interaktionen mit den entsprechenden Suboptimalitäten.

Dieses Resultat ist mit Mundells Aussage vereinbar, wonach einer Währungsunion einem System flexibler Wechselkurse gegenüber nur dann der Vorzug gegeben werden sollte, wenn sich die teilnehmenden Volkswirtschaften symmetrischen Störungen ausgesetzt sehen. Sowohl Mundell als auch der vorliegende Beitrag mit den Untersuchungen über stabilitätspolitische Aspekte abstrahieren von anderen Argumenten, die bei der Wahl des Währungssystems eine Rolle spielen können (geringere Transaktionskosten, Wegfall der Unsicherheit über die Wechselkursentwicklung, Vorteile aus einer möglichen internationalen Verwendung der gemeinsamen Währung oder politische Erwägungen). Wenn nun diese Überlegungen zu einer Entscheidung zugunsten eines Festkurssystems geführt haben, ist es das Anliegen dieser Arbeit zu untersuchen, welche Auswirkungen die verschiedenen Ausprägungen dieses Systems haben. Es soll noch einmal darauf hingewiesen werden, dass ein System flexibler Wechselkurse als Vergleichsmaßstab, nicht als realistische Politikoption für die Europäische Union verstanden wird.

3.5 Wechselkursunion, Währungsunion und „übrige Welt"

Bisher wurde davon ausgegangen, dass die übrige Welt für die modellierten Länder keine Bedeutung hatte. Von Interesse ist jedoch auch, wie sich die Ergebnisse modifizieren, wenn die realistischere Annahme eines relevanten Wirtschaftsraums außerhalb der Union in das Modell integriert wird. Es gilt folgendes erweitertes Modell:

$$(3.54)\qquad y=-\alpha_1 i+\alpha_2\left(p^*-p\right)+\alpha_3\left(e+p^{ROW}-p\right)+g$$

$$(3.55)\qquad y^*=-\alpha_1 i-\alpha_2\left(p^*-p\right)+\alpha_3\left(e+p^{ROW}+p^*\right)+g^*$$

$$(3.56)\qquad y^{ROW}=-\alpha_1 i-\alpha_3\left(e+p^{ROW}+p\right)-\alpha_3\left(e+p^{ROW}+p^*\right)$$

$$(3.57)\qquad m=-bi+\varphi\left(y+p\right)+\left(1-\varphi\right)\left(y^*+p^*\right)$$

$$(3.58)\qquad m^{ROW}=-bi+y^{ROW}+p^{ROW}$$

$$(3.59)\qquad y=\frac{\beta}{1-\beta}\left(p-w\right)$$

$$(3.60)\qquad y^*=\frac{\beta}{1-\beta}\left(p^*-w^*\right)$$

$$(3.61)\qquad y^{ROW}=\frac{\beta}{1-\beta}\left(p^{ROW}-w^{ROW}\right),$$

wobei e hier den Wechselkurs gegenüber der übrigen Welt bezeichnet. Die Annahme vollständiger Kapitalmobilität soll beibehalten werden, so dass auch zwischen Währungsunion und übriger Welt ein einheitlicher Zinssatz besteht.[155]
Die Vorzeichen der Multiplikatoren des Systems sind **Tab. 3.17** zu entnehmen, wobei von horizontalen gesamtwirtschaftlichen Angebotsfunktionen ausgegangen werden soll. Es handelt sich bei der Währungsunion um einen Wirtschaftsraum, der so groß ist, dass dortige Veränderungen exogener Größen in der übrigen Welt Rückwirkungen haben: Expansive Geldpolitik in einem der beiden Wirtschaftsblöcke hat einen kontraktiven Einkommenseffekt in dem anderen zur Folge. Ein expansiver Fiskalimpuls eines Landes der Währungsunion führt in der übrigen Welt zu einem expansiven Einkommenseffekt. Aufgrund der keynesianischen Annahme unterausgelasteter Produktionsfaktoren führen nachfrageseitig bedingte Outputvariationen nicht zu Veränderungen der Preise.

Tab. 3.17 *Vorzeichen der Multiplikatoren Währungsunion mit „übriger Welt"* $(\beta \rightarrow 1)$.

	dm	dm^{ROW}	dg	dg^*	dw	dw^*	dw^{ROW}
dy	+	−	+	−	−	$+\ (\varphi=1)$ $?\ (\varphi\neq 1)$	+
dy^*	+	−	−	+	$+\ (\varphi=0)$ $?\ (\varphi\neq 0)$		+
dy^{ROW}	−	+	+	+	$+\ (0\leq\varphi\leq 0{,}5)$ $?\ (0{,}5<\varphi<1)$	$?\ (0\leq\varphi<0{,}5)$ $+\ (0{,}5\leq\varphi\leq 1)$	−
dp	0	0	0	0	1	0	0
dp^*	0	0	0	0	0	1	0
dp^{ROW}	0	0	0	0	0	0	1
di	−		+	+	$+\ (0\leq\varphi\leq 0{,}5)$ $?\ (0{,}5<\varphi\leq 1)$	$?\ (0\leq\varphi<0{,}5)$ $+\ (0{,}5\leq\varphi\leq 1)$	+
de	+	−	−	−	?	?	?

Es gelten die bisherigen Verlustfunktionen (3.1) bis (3.3). Für die übrige Welt soll in Analogie zu den bisherigen Annahmen die Verlustfunktion

$$(3.62)\qquad VN^{ROW} = \frac{1}{2} y^{ROW\,2} + \frac{x}{2} p^{ROW\,2}$$

vorausgesetzt werden. Nimmt man nun flexible Wechselkurse der Währungsunion gegenüber der übrigen Welt an und lässt die vier Akteure (Regierung des

[155] Zu dynamischen Aspekten eines Systems flexibler Wechselkurse vgl. die Ausführungen auf S. 39 f.

Inlandes, Regierung des Auslandes, Notenbank der Währungsunion und Notenbank der übrigen Welt) eine Nash-Optimierung durchführen, so stellt man zunächst fest, dass die Notenbank der übrigen Welt ihre optimale Politik so gestaltet, dass stets

$$(3.63) \qquad \overline{VN}^{ROW} = \frac{x}{2}\left(w^{ROW}\right)^2$$

realisiert wird und der ROW-Währungsraum damit seinen kleinstmöglichen Verlust realisieren kann. Aufgrund des flexiblen Wechselkurses hat die übrige Welt – neben dem fiskalpolitischen Instrument, was aufgrund des flexiblen Wechselkurses nicht zu Stabilisierungszwecken zum Tragen kommt und daher nicht modelliert wurde – mit seiner Geldpolitik die Möglichkeit, sich gegenüber Störungen von Seiten der Währungsunion vollständig abzuschirmen. Für die wirtschaftspolitischen Akteure der Währungsunion gilt entsprechend, dass w^{ROW} für ihren optimalen Verlust keine Rolle spielt. Für die in Abschnitt 3.2 behandelten wohlfahrtstheoretischen Implikationen der Währungssysteme bzw. der spieltheoretischen Rahmenbedingungen ist die Berücksichtigung der übrigen Welt damit ohne Bedeutung. Durch die flexiblen Wechselkurse zwischen Währungsunion und der übrigen Welt findet zwischen diesen beiden Währungsblöcken keine strategische Interaktion statt.[156] Aus diesem Grund müssen durch die Berücksichtigung der übrigen Welt die bisherigen Erkenntnisse nicht modifiziert werden, wenn man sinnvollerweise flexible Wechselkurse zwischen den Währungsblöcken annimmt.[157]

---

[156] Wenn stattdessen wie bisher ein Nash-Spiel zwischen den bisherigen drei Akteuren inländische bzw. ausländische Regierung und Notenbank der Währungsunion angenommen wird und dabei die Variablen der übrigen Welt als exogen angenommen werden, man also erst gar keine strategische Interaktion modelliert, kommt man zu demselben Ergebnis. Es soll aber darauf hingewiesen werden, dass die fehlende strategische Interaktion *nicht* bedeutet, dass Variationen exogener Größen des einen Währungsraumes keine Auswirkungen auf die endogenen Variablen des anderen hätten (das ist trotz flexibler Wechselkurse der Fall).

[157] "The existence of more than one currency area in the world implies (by definition) variable exchange rates." (Mundell (1961, S. 659)).

4. Interaktion von Fiskal- und Geldpolitik als dynamisches Spiel

4.1 Das dynamisierte makroökonomische Grundmodell

Wenn bereits an anderer Stelle auf die dynamischen Aspekte des Makromodells eingegangen wurde, liegt es nahe zu überprüfen, ob die Grundaussagen der vorangegangenen statischen Optimierung auch dann Bestand haben, wenn diese dynamisiert werden.[158] Hierzu sind Methoden der Optimalen Kontrolltheorie und der dynamischen Spieltheorie heranzuziehen.[159]

Das grundlegende Makromodell entspricht dem bisher verwendeten Modell unter Berücksichtigung der Inflationserwartung $\pi^{(*)}$[160], so dass man als gesamtwirtschaftliche Angebotsfunktionen erhält:

(4.1) $$p = \frac{1-\beta}{\beta} y + \pi$$

(4.2) $$p^* = \frac{1-\beta}{\beta} y^* + \pi^*$$

Die Güternachfrage wird insofern modifiziert, als die Investitionsgüternachfrage nunmehr folgendermaßen vom Realzins abhängig ist:[161]

(4.3) $$y = -\alpha_1 (i - \pi) + \alpha_2 (p^* - p) + g$$

(4.4) $$y^* = -\alpha_1 (i - \pi^*) - \alpha_2 (p^* - p) + g^*$$

Die gemeinsame Geldmarktgleichung bleibt bestehen:

(4.5) $$m^{ges} = -bi + \varphi (ky + p) + (1-\varphi)(ky^* + p^*)$$

Für die Anpassung der Inflationserwartungen gelte

(4.6) $$\pi' = j(p - \pi)$$

(4.7) $$\pi^{*\prime} = j(p^* - \pi^*),$$

mit $0 \leq j$ als Lerngeschwindigkeit.[162] Angebotsstörungen sind hier als (exogen verursachte) Änderungen der Inflationserwartungen zu verstehen, die auch – und

---

158 Vgl. Oudiz/Sachs (1984).

159 Ein früher Beitrag, der auf die Bedeutung der dynamischen Spieltheorie für wirtschaftswissenschaftliche Fragestellungen hinweist, ist Starr/Ho (1969).

160 Wenn in diesem Abschnitt $\pi^{(*)}$ statt $w^{(*)}$ geschrieben wird, dann soll lediglich einer geläufigeren Notation Rechnung getragen werden.

161 Im statischen Modell waren Nominal- und Realzins identisch, da erwartete Inflationsraten von null angenommen wurden (Vgl. Fn. 60).

162 Im Folgenden wird im Unterschied zum 2. Kapitel ein in kontinuierlicher Zeit formuliertes Makromodell verwendet. Die algebraische Lösung findet sich im Anhang. Turnovsky (1977, S. 43) bemerkt zur Verwendung von Modellen in diskreter bzw. kontinuierlicher Zeit: “Both kinds of models have their place and the choice between them is often dictated by convenience.” In diesem Sinne gehorcht die Verwendung eines Modells in kontinuierlicher Zeit im weiteren Verlauf diesem Diktat.

dies ist ein Unterschied zum zuvor verwendeten Makromodell – eine entsprechende Verschiebung der Güternachfragekurve nach sich ziehen.
Das System ist nicht „von Natur aus" stabil, sondern nur unter bestimmten Parameterkonstellationen. Die Lösungen der charakteristischen Gleichung lauten:

(4.8) $$r_1 = \frac{j(\alpha_1 - 2\alpha_2)(1-\beta)}{2\alpha_2(1-\beta)+\beta}$$

(4.9) $$r_2 = \frac{\alpha_1 j(1-\beta)(b-1)}{\alpha_1(\beta(k-1)+1)+\beta b}$$

Die notwendige und hinreichende Bedingung für die Konvergenz des Systems hin zur partikulären Lösung ist, dass r_1 und r_2 negativ sind.[163]

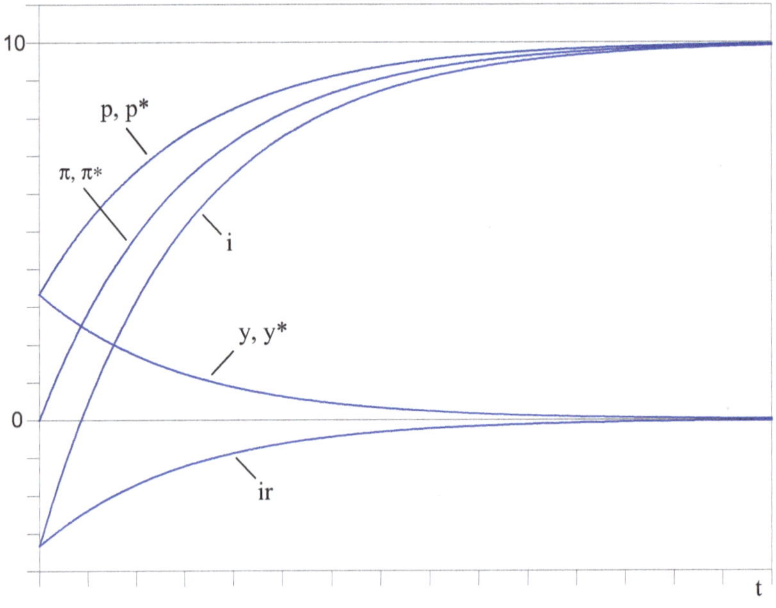

Abb. 4.1 *Dynamik des Makrosystems bei einer dauerhaften Erhöhung des Geldmengenwachstums von* $m = 0$ *auf* $m = 5$.[164]

Die Dynamik des Modells soll zunächst anhand einer dauerhaften Erhöhung des Geldmengenwachstums veranschaulicht werden (vgl. **Abb. 4.1**). In- und auslän-

[163] Vgl. auch Aoki (1976, S. 121).

[164] **Abb. 4.1** bis **Abb. 4.5** liegen folgende Parameterannahmen zugrunde: $\alpha_1 = \alpha_2 = 1$, $b = \beta = 0{,}5$, $j = 1$ und $k = 0$.

dische Variablen bewegen sich infolge der Geldmengenexpansion gleichgerichtet. Der anfänglich expansive Effekt auf die Güternachfrage schwächt sich mit der Zeit ab, um sich dann wieder seinem ursprünglichen Gleichgewichtswert von null anzunähern. Die nominalen Größen Inflationsrate und erwartete Inflationsrate erreichen im Zeitablauf einen höheren Gleichgewichtswert. Der Nominalzins ist zunächst negativ,[165] steigt dann aber, da mit steigender Inflationsrate auch die Nachfrage nach Transaktionskasse steigt, wird positiv und nähert sich wieder seinem neuen langfristigen Gleichgewichtswert an. Der reale Einkommenszuwachs hält so lange an, wie der Realzins unterhalb seines ursprünglichen Gleichgewichts liegt.

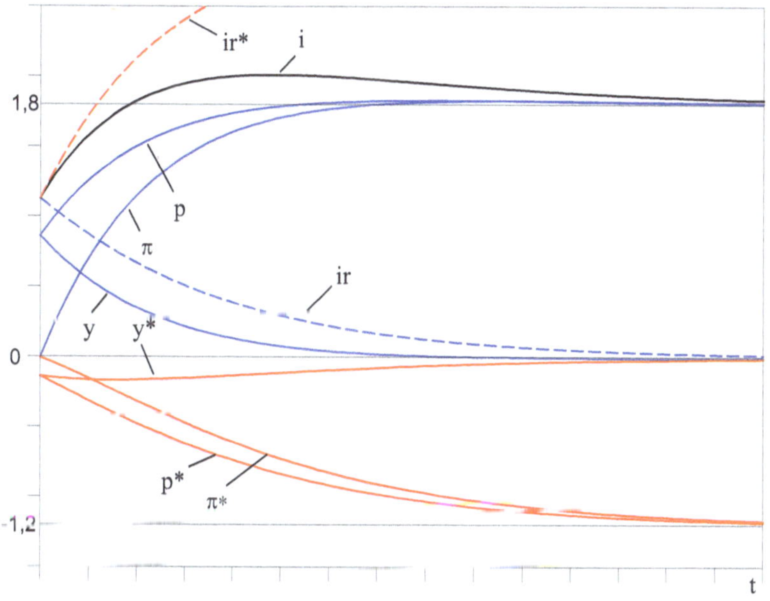

Abb. 4.2 *Dynamik des Makrosystems bei einer dauerhaften Erhöhung des Wachstums der inländischen Staatsausgaben von* $g = 0$ *auf* $g = 3$ *mit* $\varphi = 0,7\ (\lim_{t \to \infty} i^{r*} = 3)$.

Betreiben die Regierungen beider Länder eine in Betrag und Richtung gleiche Fiskalpolitik, ergeben sich symmetrische Anpassungsprozesse, die den in **Abb. 4.1** dargestellten ähnlich sind. Verfolgen die Regierungen mit ihren Aus-

[165] Es soll daran erinnert sein, dass der ursprüngliche gleichgewichtige Nominalzinssatz auf null normiert wurde.

gaben jedoch unterschiedliche Politiken, wird die relative Größe der beiden Volkswirtschaften bedeutsam (vgl. **Abb. 4.2**). Der expansive inländische Fiskalimpuls sorgt zunächst im Inland für ein positives Wirtschaftswachstum, das sich jedoch abschwächt und sogar leicht negativ wird, bevor es sich wieder asymptotisch dem Ausgangsgleichgewicht annähert. Im Ausland führt die expansive inländische Fiskalpolitik zu einer Rezession, die sich aber abschwächt, bis auch im Ausland wieder Vollbeschäftigung herrscht. Inländische Inflationsrate und erwartete Inflationsrate nähern sich nach einem Überschießen einem positiven Wert an, während es im Ausland zu einem Deflationsgleichgewicht kommt. Der inländische Realzins sinkt von einem positiven Wert wieder auf seinen Ausgangswert von null. Der auf die ausländische Nachfrage negativ wirkende dauerhaft positive ausländische Realzins wird durch die verbesserte Wettbewerbsposition des Auslandes nachfrageseitig kompensiert.
Nachdem die Anpassungsmechanismen des Makrosystems nach *dauerhaften* Veränderungen von Politikvariablen dargestellt wurde, liegt die Frage auf der Hand, wodurch die Politik überhaupt zu Änderungen ihres Verhaltens – unabhängig davon, ob dauerhaft oder nur vorübergehend – veranlasst sein sollte, wenn die Ausgangssituation ein inflationsfreies Vollbeschäftigungsgleichgewicht darstellt. Tatsächlich sollen die gerade vorgenommenen Überlegungen lediglich dazu dienen, die Dynamik des Modells zu veranschaulichen. Unter den getroffenen Annahmen $\pi(0)=\pi^*(0)=0$ haben an Vollbeschäftigung und Preisstabilität interessierte Akteure keinen Grund, ihre Politik zu ändern. Möglicherweise ändert sich das, wenn eine Ausgangssituation angenommen wird, die nicht die „beste aller Welten“ darstellt. Eine solche Ausgangssituation, die ein stabilitätspolitisches Eingreifen des Staates rechtfertigen könnte, läge bei einem (temporären) Schock vor, der durch Inflationserwartungen im Zeitpunkt $t=0$ modelliert werden kann, die nicht dem intertemporalen Gleichgewicht entsprechen.[166]
Diese Überlegungen sollen im folgenden Abschnitt am Beispiel $\pi(0)=1$ und $\pi^*(0)=0$ vertieft werden (vgl. **Abb. 4.3**). Ein autonomer Anstieg der inländischen Inflationserwartung zum Zeitpunkt $t=0$ ist für das Inland mit Rezession und Inflation verbunden. Das Ausland erleidet zunächst durch den negativen Realkassen-Zins-Effekt eine mit Deflation verbundene Rezession, die durch die Verbesserung der Wettbewerbsposition gegenüber dem Inland allerdings abgeschwächt und schließlich sogar überkompensiert wird, bevor sich y^* wieder seinem natürlichen Wert annähert. Der Nominalzins steigt über sein natürliches Niveau, da durch die inländische Inflation die Nachfrage nach Nominalkasse steigt. Dieser Effekt wird durch die gesunkene ausländische Inflationsrate nicht ausgeglichen, da das Ausland im angenommenen Beispiel kleiner ist als das Inland und von dem ausländischen Preisschock auch nur mittelbar betroffen ist.

---

[166] Vgl. Turnovsky et al. (1988, S. 342).

Bei einer vorübergehenden Störung des Ausgangsgleichgewichts konvergieren alle endogenen Variablen im Zeitablauf wieder zu ihren ursprünglichen Werten. Trotz der endogenen Stabilisierung des Systems kann stabilitätspolitisches Handeln gerechtfertigt sein, wenn es den staatlichen Akteuren gelingt, die wohlfahrtsrelevanten Variablen $p^{(*)}$ und $y^{(*)}$ auf einen effizienteren Anpassungspfad zu bringen.[167]

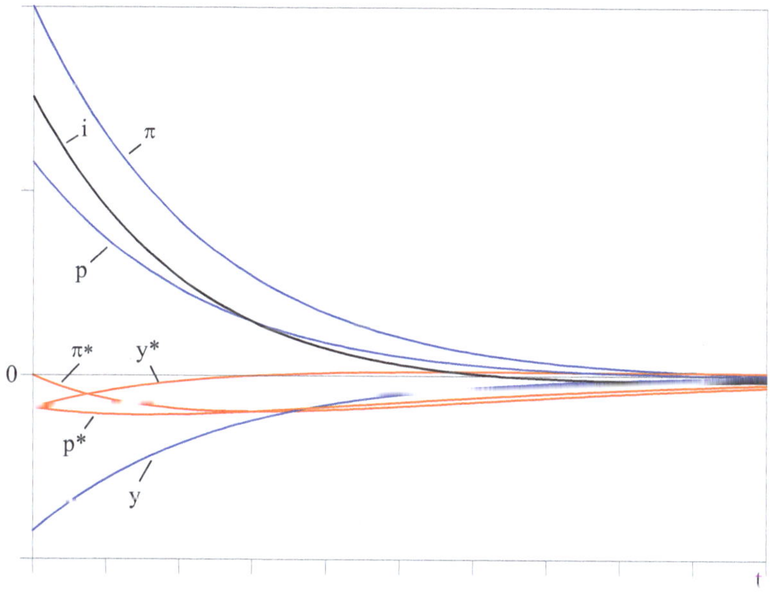

Abb. 4.3 *Endogene Anpassung des Makrosystems nach einem inländischen Preisschock mit den Anfangsbedingungen* $\pi(0)=1$ *und* $\pi^*(0)=0$ *sowie* $\varphi = 0,7$.

4.2 *Dynamische Nash-Strategien*

Entsprechend der Dynamik des Makromodells optimieren die Regierungen und die Notenbank ihre Verlustfunktionen nicht mehr für eine Periode, sondern für einen Zeitraum t_0 bis T, wobei zukünftiger Verlust abdiskontiert in die Verlust-

---

[167] Für die Modellierung optimaler Makropolitik als Kontrollproblem vgl. Allsopp/Vines (2000, S. 30).

funktion eingeht.[168] In Analogie zu (3.1) – (3.3) ergeben sich die linear-quadratischen Verlustfunktionen:[169]

(4.10) $$VR=\int_{t_0}^{T}\underbrace{\left(\frac{1}{2}y^2+\frac{x}{2}p^2+\frac{z}{2}g^2\right)}_{J}e^{-\rho t}dt$$

(4.11) $$VR^*=\int_{t_0}^{T}\underbrace{\left(\frac{1}{2}y^{*2}+\frac{x}{2}p^{*2}+\frac{z}{2}g^{*2}\right)}_{J^*}e^{-\rho t}dt$$

(4.12) $$VN=\int_{t_0}^{T}\underbrace{\left(\frac{1}{2}\left(y^2+y^{*2}\right)+\frac{x}{2}\left(p^2+p^{*2}\right)\right)}_{J^N}e^{-\rho t}dt,$$

mit $\rho>0$ als Diskontierungsfaktor. Die Optimale Kontrolltheorie unterscheidet zwischen Zustands- und Kontrollvariablen, wobei die Bewegung der Zustandsvariablen hier durch eine Differenzialgleichung erster Ordnung charakterisiert ist.[170] Unter Berücksichtigung der Lösung des bereits bekannten Makromodells gilt es, (4.10) – (4.12) so umzuformen, dass sich das Optimierungsproblem der drei Akteure folgendermaßen darstellt:

(4.13) $$\min VR=\int_{t_0}^{T}J\left(\pi,\pi^*,m^g,g,g^*\right)e^{-\rho t}dt$$

(4.14) $$\min VR^*=\int_{t_0}^{T}J^*\left(\pi,\pi^*,m^g,g,g^*\right)e^{-\rho t}dt$$

(4.15) $$\min VN=\int_{t_0}^{T}J^N\left(\pi,\pi^*,m^g,g,g^*\right)e^{-\rho t}dt$$

unter Berücksichtigung von:

(4.16) $$\pi'=j\left(p\left(\pi,\pi^*,m^g,g,g^*\right)-\pi\right)$$

(4.17) $$\pi^{*\prime}=j\left(p^*\left(\pi,\pi^*,m^g,g,g^*\right)-\pi^*\right)$$

Man unterscheidet mit open-loop- und closed-loop-Strategien zwei Typen von Nash-Gleichgewichten.[171] Open-loop-Strategien implizieren, dass ein Spieler die Wahl seiner Kontrollvariablen über den gesamten Zeitraum schon zu Beginn des Spiels trifft und für die Dauer des Spiels daran gebunden ist. Dagegen erlauben

---

[168] Zur intertemporalen Optimierung von Fiskal- und Geldpolitik vgl. auch Turnovsky ([2]2000, S. 387 ff.).

[169] "Differential game theory typically concentrates on this LQ (linear quadratic, U.V.) class since only in that case analytical and numerical tools are readily available." Van Aarle et al. (2000, S. 9).

[170] Vgl. Kamien/Schwartz ([2]1991, S. 122 ff.).

[171] Zur dynamischen Spieltheorie vgl. Kamien/Schwarz (1991, S. 272 ff.), Miller/Salmon (1985, S. 204 ff.) oder Neck (1985).

closed-loop-Strategien dem Spieler, zu jedem Zeitpunkt den Zustand des Systems in die Kalkulation mit einzubeziehen.[172, 173]
Aus (4.13) bis (4.17) folgen die zu optimierenden Hamiltonfunktionen der drei Spieler:
(4.18)
$$HR = Je^{-\rho t} + \lambda_1 j\left(p\left(\pi,\pi^*,m^g,g,g^*\right)-\pi\right)+\lambda_2 j\left(p^*\left(\pi,\pi^*,m^g,g,g^*\right)-\pi^*\right)$$
(4.19)
$$HR^* = J^* e^{-\rho t} + \lambda_1^* j\left(p\left(\pi,\pi^*,m^g,g,g^*\right)-\pi\right)+\lambda_2^* j\left(p^*\left(\pi,\pi^*,m^g,g,g^*\right)-\pi^*\right)$$
(4.20)
$$HN = J^N e^{-\rho t} + \lambda_1^N j\left(p\left(\pi,\pi^*,m^g,g,g^*\right)-\pi\right)+\lambda_2^N j\left(p^*\left(\pi,\pi^*,m^g,g,g^*\right)-\pi^*\right)$$

4.2.1 Open-loop-Strategien

Die Bedingungen erster Ordnung[174] für ein open-loop Nash-Gleichgewicht sind:[175]

(4.21) $$HR_g = 0,\ HR^*_{g^*} = 0,\ HN_{m^g} = 0$$

(4.22) $$\lambda_1' = -\frac{\partial HR}{\partial \pi},\ \lambda_2' = -\frac{\partial HR}{\partial \pi^*},\quad \lambda_1^{*}{}' = -\frac{\partial HR^*}{\partial \pi},\ \lambda_2^{*}{}' = -\frac{\partial HR^*}{\partial \pi^*},\quad \lambda_1^{N}{}' = -\frac{\partial HN}{\partial \pi},\ \lambda_2^{N}{}' = -\frac{\partial HN}{\partial \pi^*}$$

Außerdem müssen die Transversalitätsbedingungen erfüllt sein:[176]

(4.23) $$\lim_{t\to\infty} \lambda(t) = 0$$

Zusammen mit (4.16) erhält man mit (4.21) und (4.22) elf Gleichungen, um die optimalen Zeitpfade von $\overline{\pi}(t)$, $\overline{\pi}^*(t)$, $\overline{\lambda}_1(t)$, $\overline{\lambda}_2(t)$, $\overline{\lambda}_1^*(t)$, $\overline{\lambda}_2^*(t)$, $\overline{\lambda}_1^N(t)$, $\overline{\lambda}_2^N(t)$ sowie $\overline{g}(t)$, $\overline{g}^*(t)$ und $\overline{m}^g(t)$ zu ermitteln. Die algebraische Lösung in allgemeiner Form zu bestimmen, erweist sich angesichts der Komplexität des Systems als schwierig,[177] so dass bestimmte numerische Werte angenommen

[172] Vgl. Kamien/Schwartz (1991, S. 275) oder Dockner/Neck (1985, S. 812).
[173] Man bezeichnet closed-loop-Strategien daher auch als feedback-Strategien.
[174] Die notwendigen Bedingungen für das Vorliegen eines Minimums sind hier auch hinreichend (Vgl. Silberberg ([2]1990, S. 627 f.)).
[175] Vgl. Kamien/Schwartz (1991, S. 274).
[176] Vgl. Chiang (1992, S. 241) oder Currie/Levine (1985, S. 236).
[177] Das dynamische System besteht aus acht linearen Differenzialgleichungen erster Ordnung, die sich aus (4.16) und (4.22) ergeben. Wie die im Anhang dargestellte Lösung des

werden sollen.[178] Es sei erneut darauf hingewiesen, dass die vorgenommene Parameterwahl nicht auf einer Schätzung beruht, sondern unter Berücksichtigung der Handhabbarkeit der mathematischen Operationen erfolgte.

Tab. 4.1 *Vergleich der optimalen Verlustniveaus der Akteure bei unterschiedlichen Strategien: open-loop vs. fiskalpolitische Kooperation.*

Regierung Inland	*Verlust Nash open-loop*	$>$ $[0 \le \varphi < 0,5]$ $=$ $[\varphi = 0,5]$ $<$ $[0,5 < \varphi \le 1]$	*Verlust fiskalpolitische Kooperation*
Regierung Ausland		$>$ $[0 \le (1-\varphi) < 0,5]$ $=$ $[(1-\varphi) = 0,5]$ $<$ $[0,5 < (1-\varphi) \le 1]$	
Notenbank		$=$ $[0 \le \varphi \le 1]$	
Regierungen addiert		$>$ $[\varphi \ne 0,5]$ $=$ $[\varphi = 0,5]$	

Wenn man nun die Optimierung gemäß (4.21) und (4.22) unter Berücksichtigung der genannten Parameterwahl durchführt, erhält man als Lösung der charakteristischen Gleichung acht Eigenwerte, von denen zwei negativ und sechs positiv sind. Bedingung für die Sattelpunktstabilität eines Systems ist, dass die Anzahl der negativen Eigenwerte mit der Anzahl der prädeterminierten Zustandsvariablen und die Anzahl der positiven Eigenwerte mit der Anzahl der nicht prädeterminierten Zustandsvariablen übereinstimmt.[179] Im vorliegenden Modell sind π und π^* prädeterminierte Zustandsvariablen, da sie in der Zeit keine diskontinuierliche Änderungen erfahren, wie an den Gleichungen (4.6) und (4.7) zu erkennen ist. Die Lagrangevariablen dagegen können als nicht prädeterminierte Zustandsvariablen interpretiert werden, so dass die notwendige und hinreichende Bedingung für Sattelpunktstabilität erfüllt ist.[180] Für die Zeit-

---

dynamischen Makrosystems erahnen lässt, sind für die dynamischen spieltheoretischen Untersuchungen erhebliche Vereinfachungen unabdingbar.

178 Diesen Weg beschreiten auch van Aarle et al. (2000, S. 11 ff.). Hier soll vereinfachend davon ausgegangen werden, dass die Akteure allen Zielen gleiches Gewicht beimessen ($x = z = 1$). Für die übrigen Parameter vgl. Fn. 164.

179 Vgl. Coenen (1993, S. 4).

180 Buiter (1984, S. 666, Fn. 2). Zur Interpretation der Kozustandsvariablen als „Schattenpreis" vgl. Chiang (1992, S. 206 f.). Diese Deutung liefert die Begründung dafür, die Kozustandsvariablen als Sprungvariablen zu begreifen. Vgl. dazu auch Turnovsky (2000, S. 366).

pfade der endogenen Variablen sind demnach nur die negativen Eigenwerte relevant, weshalb auch die Transversalitätsbedingungen (4.23) erfüllt sind.
Mit den für die Sattelpunktstabilität relevanten Eigenwerten und den Anfangsbedingungen $\pi(0)=1$, $\pi^*(0)=0$, $\lambda_1(0)=0$, $\lambda_2(0)=0$, $\lambda_1^*(0)=0$, $\lambda_1^N(0)=0$ und $\lambda_2^N(0)=0$[181] lässt sich dann die Lösung des dynamischen Spiels konkretisieren, die in **Abb. 4.4** bis **Abb. 4.7** dargestellt ist.

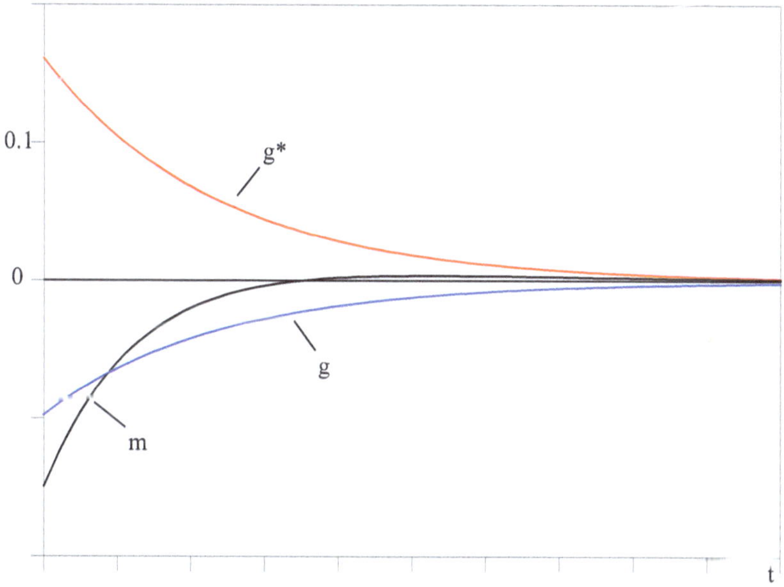

Abb. 4.4 *Optimale Zeitpfade der Politikvariablen nach einem inländischen Preisschock mit* $\pi(0)=1$ *sowie* $\varphi=0,7$.

Gemäß **Abb. 4.4** reagiert die Notenbank auf den inländischen Preisschock zunächst mit einer restriktiven Geldpolitik, die im Laufe der Zeit jedoch gelockert wird und sogar leicht expansiv wird. Die inländische Regierung reagiert kontraktiv auf den Schock, da die Inflationsrate stärker von ihrem Zielwert abweicht als der Output, bei im Beispiel angenommener gleicher Gewichtung beider Zie-

181 Die Notwendigkeit, dass die Kozustandsvariablen λ zum Zeitpunkt $t=0$ den Wert null annehmen, rührt daher, dass nur für diese Anfangsbedingungen gewährleistet ist, dass in Abwesenheit von Störungen $\overline{\pi}^{(*)}(t)=\overline{p}^{(*)}(t)=\overline{y}^{(*)}=0$ gilt.

le. Die Regierung des Auslandes antwortet mit expansiver Fiskalpolitik, da das Ausland zunächst von der Konstellation Rezession und Deflation betroffen ist. Auch wenn sich das Ausland in einer Boomphase befindet, behält die Regierung ihren expansiven Kurs bei, da die immer noch vorliegende Deflation eine stärkere Zielabweichung darstellt als die Überbeschäftigung der Ressourcen.

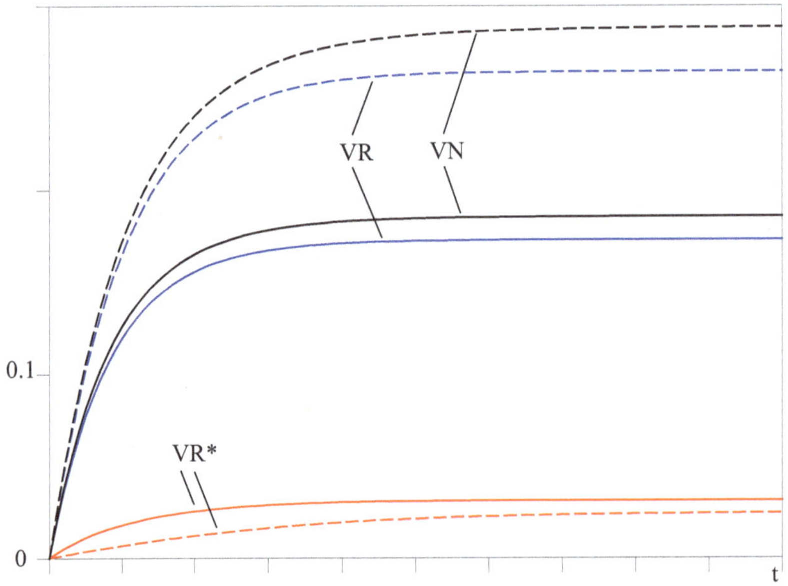

Abb. 4.5 *Gegenwartswert der integrierten Verlustniveaus der Akteure mit bzw. ohne Stabilisierung (durchgezogene bzw. gestrichelte Linien; unten) nach einem inländischen Preisschock mit* $\pi(0)=1$ *sowie* $\varphi=0,7$.

In **Abb. 4.5** sind die Gegenwartswerte der integrierten Verlustniveaus der Akteure dargestellt. Man erkennt, dass die inländische Regierung und die Notenbank unter der gewählten Parameterkonstellation durch die stabilitätspolitische Interaktion einen effizienteren Zeitpfad erreichen, während das Ausland schlechter gestellt wird, als wenn sich *alle* Akteure passiv verhielten. Die theoretische denkbare Option des Auslandes, sich völlig passiv zu verhalten, während die anderen Spieler ihre Nash-Strategien verfolgen, würde dieses jedoch noch schlechter stellen.[182] Für das Ausland gilt also, dass, wenn die national bes-

[182] Dies ist schließlich gerade die Definition der Nash-Lösung. "This solution is secure against any attempt by one player to *unilaterally* alter his strategy, since that player can

te Lösung (alle Spieler bleiben passiv) nicht zu erreichen ist, wovon auszugehen ist, da sich die anderen Spieler durch aktive Stabilisierungspolitik verbessern können, die zweitbeste Strategie (nämlich die Nash-Strategie) verfolgt werden muss, um ein noch schlechteres Resultat zu vermeiden.

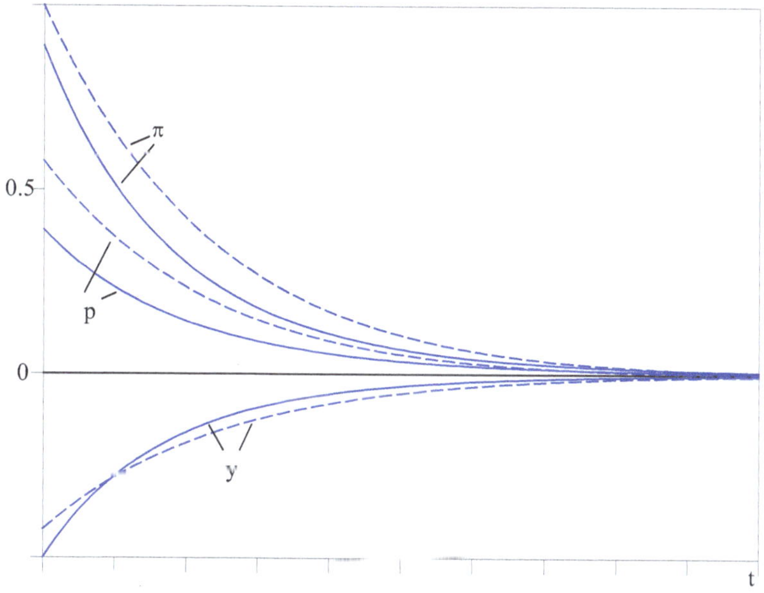

Abb. 4.6 *Anpassungspfade ohne Stabilisierung (gestrichelte Linien) und Anpassungspfade nach Stabilisierung durch Fiskal- und Geldpolitik (durchgezogene Linien) nach einem inländischen Preisschock mit* $\pi(0)=1$ *sowie* $\varphi=0,7$ *im Inland.*

Eine fiskalpolitische Kooperation mit Nash-Verhaltensannahmen gegenüber der Notenbank erfordert die Erfüllung folgender Bedingungen erster Ordnung:

(4.24) $$\left(HR+HR^*\right)_g=0,\ \left(HR+HR^*\right)_{g^*}=0,\ HN_{m^g}=0$$

(4.25) $$\lambda_1'=-\frac{\partial\left(HR+HR^*\right)}{\partial\pi},\ \lambda_2'=-\frac{\partial\left(HR+HR^*\right)}{\partial\pi^*}$$

only loose by deviating from his equilibrium control." Ho/Starr (1969, S. 188). Hervorhebungen im Original.

Gesetzt den Fall, inländische und ausländische Regierung könnten sich auf eine stabilitätspolitische Kooperation einigen, würde dies zu Ergebnissen führen, die in **Tab. 4.1** zusammengefasst sind.

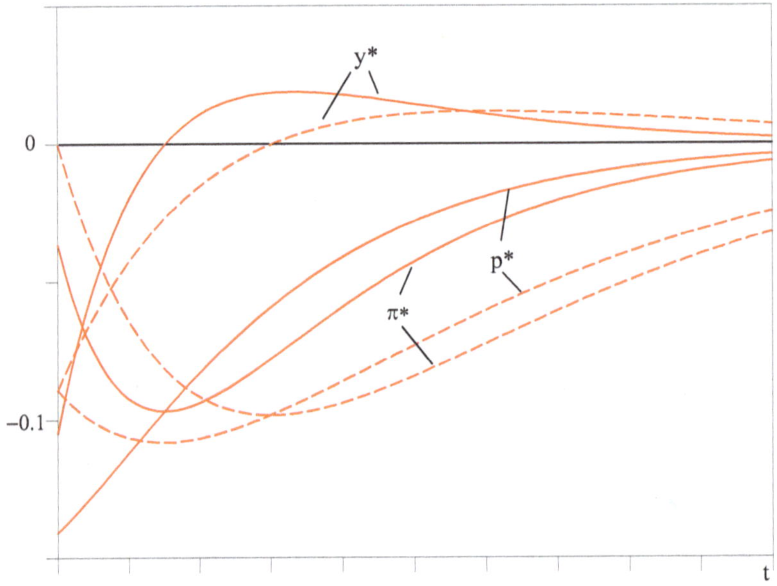

Abb. 4.7 *Anpassungspfade ohne Stabilisierung (gestrichelte Linien) und Anpassungspfade nach Stabilisierung durch Fiskal- und Geldpolitik (durchgezogene Linien) nach einem inländischen Preisschock mit* $\pi(0)=1$ *sowie* $\varphi=0{,}7$ *im Ausland.*

Eine fiskalpolitische Kooperation zeichnet sich dadurch aus, dass die Summe der Verluste von inländischer und ausländischer Regierung bei fiskalpolitischer Kooperation – im Gegensatz zu den Nash-Verlusten – von der relativen Größe der Volkswirtschaften unabhängig ist, die externen Effekte also internalisiert werden. Entsprechend sind Inland und Ausland auch indifferent zwischen Nash-Optimierung und Kooperation bei gleichen Größenverhältnissen. Ist das Inland dagegen größer, kann es aus dem Nash-Regime den größeren Nutzen ziehen, während das kleinere Ausland eine Kooperation bevorzugen würde. Aus diesen Nutzenerwägungen dürfte sich das größere Land auch nicht auf eine fiskalpolitische Kooperation einlassen. Sollte es dennoch zu einer solchen Vereinbarung kommen, die dann auch eingehalten wird, müssten die Gründe außerhalb des

Modellrahmens zu suchen sein. Eine Pareto-Verbesserung stellt eine fiskalpolitische Kooperation für die Regierungen bei ungleich großen Volkswirtschaften jedoch nicht dar.[183]

4.2.2 Closed-loop-Strategien

Für die closed-loop-Optimierung sind wiederum die Hamiltonfunktionen (4.18) bis (4.20) relevant. Die Bedingungen erster Ordnung lauten hier zunächst wie für den open-loop-Fall:

(4.26) $HR_g = 0,\ HR^*{}_{g^*} = 0,\ HN_{m^g} = 0$

Hinzu kommen folgende Bedingungen erster Ordnung:[184]

$$\text{(4.27)}\quad \begin{aligned} \lambda_1{}' &= -\frac{\partial HR}{\partial \pi} - \frac{\partial HR}{\partial g^*}\frac{\partial \tilde{g}^*}{\partial \pi} - \frac{\partial HR}{\partial m^g}\frac{\partial \tilde{m}^g}{\partial \pi} \\ \lambda_2{}' &= -\frac{\partial HR}{\partial \pi^*} - \frac{\partial HR}{\partial g^*}\frac{\partial \tilde{g}^*}{\partial \pi^*} - \frac{\partial HR}{\partial m^g}\frac{\partial \tilde{m}^g}{\partial \pi^*} \end{aligned}$$

$$\text{(4.28)}\quad \begin{aligned} \lambda_1^*{}' &= -\frac{\partial HR^*}{\partial \pi} - \frac{\partial HR^*}{\partial g}\frac{\partial \tilde{g}}{\partial \pi} - \frac{\partial HR^*}{\partial m^g}\frac{\partial \tilde{m}^g}{\partial \pi} \\ \lambda_2^*{}' &= -\frac{\partial HR^*}{\partial \pi^*} - \frac{\partial HR^*}{\partial g}\frac{\partial \tilde{g}}{\partial \pi^*} - \frac{\partial HR^*}{\partial m^g}\frac{\partial \tilde{m}^g}{\partial \pi^*} \end{aligned}$$

$$\text{(4.29)}\quad \begin{aligned} \lambda_1^N{}' &= -\frac{\partial HN}{\partial \pi} - \frac{\partial HN}{\partial g}\frac{\partial \tilde{g}}{\partial \pi} - \frac{\partial HN}{\partial g^*}\frac{\partial \tilde{g}^*}{\partial \pi} \\ \lambda_2^N{}' &= -\frac{\partial HN}{\partial \pi^*} - \frac{\partial HN}{\partial g}\frac{\partial \tilde{g}}{\partial \pi^*} - \frac{\partial HN}{\partial g^*}\frac{\partial \tilde{g}^*}{\partial \pi^*} \end{aligned}$$

Die letzten beiden Terme der Gleichungen in (4.27) werden als Interaktionsterme bezeichnet, „indicating the interaction of the strategy of one player on the Hamiltonian of the other“.[185] Die Transversalitätsbedingungen (4.23) müssen ebenfalls erfüllt sein. Vorgehensweise ist es, zunächst eine Optimierung gemäß (4.21) durchzuführen, um die resultierenden Werte der Kontrollvariablen in Ab-

---

183 Van Aarle et al. (2002, S. 333) kommen zu dem Ergebnis, dass die Kooperationslösung auch Pareto-optimal sein kann, wenn Asymmetrien bezüglich der nationalen Preisrigiditäten bestehen. Diese Koinzidenz besteht jedoch nicht mehr, wenn die Outputelastizitäten der Fiskalpolitik unterschiedlich sind. In der vorliegenden Arbeit wird dagegen von gleichen, auf eins normierten Outputelastizitäten der Fiskalpolitik ausgegangen. Auch hier hängt das Ergebnis, wie gezeigt wurde, von der unterschiedlichen Wirkung der Fiskalimpulse auf die endogenen Variablen ab. Diese Asymmetrie ist jedoch durch die unterschiedliche Größe der Volkswirtschaften bedingt.

184 Vgl. Kamien/Schwartz (1991, S. 275 f.).

185 Intriligator (1971, S. 388). $\tilde{g}$, $\tilde{g}^*$, $\widetilde{m}^g$ bezeichnen dabei die optimalen Nash-Lösungen (open-loop) der drei Akteure inländische Regierung, ausländische Regierung und Notenbank für die Politikvariablen in Abhängigkeit der Zustands- und Kozustandsvariablen.

hängigkeit der Zustandsvariablen $\pi^{(*)}$ darzustellen. Dann ist es möglich, die Interaktionsterme zu ermitteln und die optimalen feedback-Strategien zu errechnen. Wie (4.26) und (4.27) nahe legen, ist wie beim open-loop-Fall lediglich eine numerische Lösung des Nash-closed-loop-Spiels möglich. Vergleichsmaßstab ist ein Zwei-Personen-Nash-Spiel (closed-loop) mit den als einheitlicher Akteur handelnden Regierungen einerseits und der Notenbank andererseits. Für diese Variante der fiskalpolitischen Kooperationslösung gelten die Bedingungen erster Ordnung:

(4.30) $$\left(HR+HR^*\right)_g=0,\ \left(HR+HR^*\right)_{g^*}=0,\ HN_{m^g}=0$$

(4.31) $$\lambda_1'=-\frac{\partial\left(HR+HR^*\right)}{\partial\pi}-\frac{\partial\left(HR+HR^*\right)}{\partial m^g}\frac{\partial\tilde{m}^g}{\partial\pi}$$
$$\lambda_2'=-\frac{\partial\left(HR+HR^*\right)}{\partial\pi^*}-\frac{\partial\left(HR+HR^*\right)}{\partial m^g}\frac{\partial\tilde{m}^g}{\partial\pi^*}$$

(4.32) $$\lambda_1^{N}{}'=-\frac{\partial HN}{\partial\pi}-\frac{\partial HN}{\partial g}\frac{\partial\tilde{g}}{\partial\pi}-\frac{\partial HN}{\partial g^*}\frac{\partial\tilde{g}^*}{\partial\pi}$$
$$\lambda_2^{N}{}'=-\frac{\partial HN}{\partial\pi^*}-\frac{\partial HN}{\partial g}\frac{\partial\tilde{g}}{\partial\pi^*}-\frac{\partial HN}{\partial g^*}\frac{\partial\tilde{g}^*}{\partial\pi^*}$$

Die Optimierungsergebnisse des closed-loop-Spiels in Relation zur Kooperationslösung zeigen, ebenso wie im open-loop-Fall, dass letztere für $\varphi \neq 0,5$ keine Pareto-Verbesserung bedeutet. Für gleich große Volkswirtschaften würde eine fiskalpolitische Kooperation für die Regierungen zwar eine Pareto-Verbesserung bedeuten, anders als im open-loop-Fall würde sich diese Lösung aber nicht endogen einstellen (vgl. **Tab. 4.2**). Ein Vergleich der optimalen Verlustniveaus der Akteure unter open- bzw. closed-loop Nash-Bedingungen zeigt, dass die Regierungen für $\varphi = 0,5$ den beiden Optimierungsverfahren indifferent gegenüberstehen, ansonsten das jeweils kleinere Land die closed-loop-Variante vorziehen wird (vgl. **Tab. 4.3**).

Tab. 4.2 *Vergleich der optimalen Verlustniveaus der Akteure bei unterschiedlichen Strategien: Nash closed-loop vs. fiskalpolitische Kooperation (Notenbank Nash closed-loop).*

Regierung Inland	*Verlust Nash closed-loop*	$>$ $[0 \le \varphi \le 0,5]$ $<$ $[0,5 < \varphi \le 1]$	*Verlust fiskalpolitische Kooperation*
Regierung Ausland		$>$ $[0 \le (1-\varphi) \le 0,5]$ $<$ $[0,5 < (1-\varphi) \le 1]$	
Notenbank		$>$ $[0 \le \varphi \le 1]$	
Regierungen addiert		$>$ $[0 \le \varphi \le 1]$	

Tab. 4.3 *Vergleich der optimalen Verlustniveaus der Akteure bei unterschiedlichen Strategien: open-loop vs. closed-loop.*

<table>
<tr><td>Regierung Inland</td><td rowspan="4">Verlust
Nash
open-loop</td><td>$> \quad [0 \leq \varphi < 0{,}5]$
$= \quad [\varphi = 0{,}5]$
$< \quad [0{,}5 < \varphi \leq 1]$</td><td rowspan="4">Verlust
Nash
closed-loop</td></tr>
<tr><td>Regierung Ausland</td><td>$> \quad [0 \leq (1-\varphi) < 0{,}5]$
$= \quad [(1-\varphi) = 0{,}5]$
$< \quad [0{,}5 < (1-\varphi) \leq 1]$</td></tr>
<tr><td>Notenbank</td><td>$= \quad [0 \leq \varphi \leq 1]$</td></tr>
<tr><td>Regierungen addiert</td><td>$> \quad (\varphi \neq 0{,}5)$
$= \quad (\varphi = 0{,}5)$</td></tr>
</table>

4.3 Dynamische und statische Optimierungsergebnisse im Vergleich

Vergleicht man die Ergebnisse der dynamischen Spielsituationen mit ihren statischen Entsprechungen, kann man in wesentlichen – wenn auch nicht in allen – Bereichen Übereinstimmungen feststellen. Übereinstimmung herrscht insofern, als das größere Land das Nash-Spiel – sei es in der open-loop- oder closed-loop-Variante – der fiskalpolitischen Kooperation vorziehen wird. Es ist bemerkenswert, dass die Akteure im open-loop und closed-loop Nash-Spiel für gleich große Volkswirtschaften gegenüber der open-loop Kooperationslösung indifferent sind, dass open-loop Kooperationslösung und Nash-Lösung also identisch sind. Im statischen Fall ist dies anders; hier ist eine Kooperation für $\varphi = 0{,}5$ zu beiderseitigem Vorteil, und *annahmegemäß* würden sich die Regierungen in diesem Fall zu fiskalpolitischer Kooperation entschließen. Während diese Annahme in der statischen Betrachtung *ad hoc*, also modellexogen begründet wurde, stellt sich die Kooperationslösung in der dynamischen Betrachtung unter Nash open-loop-Annahmen modellendogen ein. Für $\varphi \neq 0{,}5$ ist dies nicht der Fall, da die Kooperation hier auch keine Pareto-Verbesserung bedeutet.

Die gerade hervorgehobenen Unterschiede zwischen Statik und Dynamik widersprechen Samuelsons *correspondence principle* nicht, da es sich um unterschiedliche Sachverhalte handelt: Wie an anderer Stelle ausgeführt, müssen sich die Ergebnisse einer komparativ statischen Betrachtung und der dynamische Anpassungsprozess hin zum neuen Gleichgewicht nach einem exogenen Impuls entsprechen, wenn das Modell konsistent sein soll.[186] Im Gegensatz dazu sind die in Abschnitt 3 und diesem Abschnitt vorgenommenen Untersuchungen Optimierungen, die in jenem Fall auf ein atemporales System bezogen sind und in

---

[186] Vgl. S. 35.

diesem Fall auf einen Zeitraum. Die dynamische Optimierung bestimmt den optimalen Zustand des Systems in der Zeit und ist keinesfalls als Anpassungsprozess an ein neues Gleichgewicht zu verstehen. Heder Zustand des Systems zu jedem Zeitpunkt ist ein „Gleichgewicht“ im Sinne von „Optimum“. Jedes Abweichen von den optimalen Zeitpfaden der Variablen wäre kein „Ungleichgewicht“, sondern eine Verletzung der Optimierungsprämisse.[187] Die Inhalte der **Tab. 4.1** bis **4.3** dürfen sich demnach durchaus von ihren statischen Entsprechungen unterscheiden, ohne dass dies ein Hinweis auf Inkonsistenz wäre – sie müssen sich aber auch nicht unterscheiden. Gemeinsamkeiten zwischen Statik und Dynamik sind hier also nicht zwei Seiten einer Medaille wie bei komparativer Statik und dynamischem Anpassungsprozess von einem alten zum neuen Gleichgewicht, sondern voneinander unabhängige analytische Instrumente, die, wenn die Schlussfolgerungen übereinstimmen, für deren Robustheit sprechen. Ein Vorteil der statischen Optimierungen ist, dass diese weitgehend algebraisch lösbar sind, was mit dem Nachteil verbunden ist, dass Veränderungen von Variablen in der Zeit unberücksichtigt bleiben müssen. Der Vorteil, diese zu berücksichtigen, wird bei der dynamischen Optimierung dadurch erkauft, dass nur numerische Lösungen möglich sind.

4.4 Zeitinkonsistenzproblematik und dynamisches Nash-Spiel

An dieser Stelle soll versucht werden, den grundlegende Unterschied zwischen den in dieser Arbeit verwendeten modelltheoretischen Grundlagen, die zur Entstehung strategischer Interaktion führen und denen, die einem Modell vom Barro-Gordon-Typ zugrunde liegen, genauer darzulegen. Um die entscheidenden Punkte zu verdeutlichen, mag ein Modell einer einzelnen Volkswirtschaft mit einem einzigen wirtschaftspolitischen Akteur genügen.

Bei einer Dynamisierung des Spiels der Notenbank gegen die Erwartungen der privaten Wirtschaftssubjekte entfällt für die Politik keineswegs der Anreiz zur Überraschungsinflation, was bedeutet, dass die Zeitinkonsistenzproblematik bestehen bleibt.[188] Es ist nach wie vor „konsistent“, wenn auch nicht „optimal“, das Überbeschäftigungsziel zu verfolgen:[189] Der resultierende Verlust über den gesamten Zeithorizont ist höher, als wenn die Politik von vornherein passiv geblieben wäre. Verfolgen die staatlichen Institutionen jedoch Politikziele, die mit dem inflationsstabilen Output in Einklang stehen, wie dies in der vorliegenden Untersuchung der Fall ist, gibt es auch keine Zeitinkonsistenz: Im Einklang mit den Erwartungen der Privaten wird Stabilisierung betrieben, so dass ein besseres Ergebnis erzielt wird, als wenn die Politik passiv bleibt. In diesem Sinne ist Wirtschaftspolitik mit den Worten von Kydland und Prescott nicht nur zeitkonsistent, sondern auch optimal. Diese Überlegungen sollen anhand eines ein-

---

187 Vgl. erneut Silberberg (^{2}1990, S. 651).

188 Die Modell von Kydland/Prescott (1977) sowie Barro/Gordon (1983a, 1983b) sind von vornherein dynamisch angelegt. Vgl. dazu auch Cukierman (1992, S. 33 f.).

189 Kydland/Prescott (1977, S. 480).

fachen Modells einer einzelnen geschlossenen Volkswirtschaft verdeutlicht werden.

Allen bisherigen dynamischen Überlegungen ist die adaptive, rückwärtsgewandte Modellierung der Erwartungen gemeinsam. Möglicherweise löst sich die Zeitinkonsistenzproblematik auf, wenn die Erwartungsbildung vorausschauend ist.[190] Als ein Beispiel für die Modellierung vorausschauender Erwartungsbildung mag die Hypothese Rationaler Erwartungen gelten. Wenn eine Volkswirtschaft durch die Gleichungen

$$p = \pi + \frac{1-\beta}{\beta} y + \xi \tag{4.33}$$

$$y = -\alpha_1 (i - \pi) \tag{4.34}$$

$$m = -bi + y + p \tag{4.35}$$

mit ξ als nicht antizipierbaren zufällig auftretenden Störterm mit einem Mittelwert von null und einer endlichen Varianz (*white noise*)[191] gekennzeichnet ist, dann lautet die Lösung:

$$\bar{y} = \frac{\alpha_1 \beta}{\alpha_1 + b\beta} m - \frac{\alpha_1 \beta (1-b)}{\alpha_1 + b\beta} \pi - \frac{\alpha_1 \beta}{\alpha_1 + b\beta} \xi \tag{4.36}$$

$$\bar{p} = \frac{\alpha_1 (1-\beta)}{\alpha_1 + b\beta} m + \frac{b\beta + \alpha_1 \left(b(1-\beta) + \beta \right)}{\alpha_1 + b\beta} \pi + \frac{\beta (\alpha_1 + b)}{\alpha_1 + b\beta} \xi \tag{4.37}$$

$$i = -\frac{\beta}{\alpha_1 + b\beta} m + \frac{\alpha_1 + \beta}{\alpha_1 + b\beta} \pi + \frac{\beta}{\alpha_1 + b\beta} \xi \tag{4.38}$$

Die Hypothese Rationaler Erwartungen besagt nun, dass den Akteuren keine systematischen Prognosefehler unterlaufen und modellkonforme Erwartungen bilden.[192] Für die Inflationserwartungen bedeutet das, dass aus (4.37) folgt:

$$\begin{aligned} \underbrace{E(p)}_{\pi} &= \frac{\alpha_1 (1-\beta)}{\alpha_1 + b\beta} \underbrace{E(m)}_{m} + \frac{b\beta + \alpha_1 \left(b(1-\beta) + \beta \right)}{\alpha_1 + b\beta} \underbrace{E(\pi)}_{\pi} + \frac{\beta (\alpha_1 + b)}{\alpha_1 + b\beta} \underbrace{E(\xi)}_{0} \\ \Leftrightarrow \pi &= \frac{1}{1-b} m \end{aligned} \tag{4.39}$$

Gleichung (4.39) in die Lösung des Makrosystems eingesetzt, ergibt:

$$\bar{y} = -\frac{\alpha_1 \beta}{\alpha_1 + b\beta} \xi \tag{4.40}$$

$$\bar{p} = \frac{1}{1-b} m + \frac{\beta (\alpha_1 + b)}{\alpha_1 + b\beta} \xi \tag{4.41}$$

---

190 "The issue of time inconsistency is an important one in the context of dynamic policy making with forward-looking agents." Turnovsky (2000, S. 185).

191 Vgl. Wagner (^{5}1998, S. 160).

192 Vgl. Fn. 76.

(4.42) $$\bar{i} = \frac{1}{1-b} m + \frac{\beta}{\alpha_1 + b\beta} \xi$$

Man erkennt, dass Geldpolitik bei rationalen Erwartungen realwirtschaftlich neutral ist und lediglich auf erwartete und tatsächliche Inflationsrate sowie den Nominalzins wirkt. Expansive Geldpolitik erhöht den Nominalzins, da die erwartete Inflationsrate mit einem expansiven geldpolitischen Impuls ebenfalls steigt.[193] Der Output weicht lediglich bei nicht antizipierbaren Produktivitätsschocks von seinem natürlichen Wert ab.

Strebt der geldpolitische Entscheidungsträger ein Outputniveau größer als den inflationsstabilen Output an (Barro-Gordon-Modell), folgt für die staatliche Verlustfunktion:

(4.43) $$VR = \int_0^T \left(\frac{1}{2} \left(y - \hat{y} \right)^2 + \frac{x}{2} p^2 \right) e^{-\rho t} dt$$

Unter Berücksichtigung von (4.40) und (4.41) ergibt die Optimierung von (4.43) nach m den optimalen Einsatz der Geldpolitik unter der Annahme rationaler Erwartungen:

(4.44) $$\bar{m} = -\frac{(\alpha_1 + b)(1-b)}{\alpha_1 + b\beta} \xi$$

Die Optimalwerte der übrigen endogenen Variablen lauten:

(4.45) $$\bar{y} = -\frac{\alpha_1 \beta}{\alpha_1 + b\beta} \xi \,, \; \bar{\pi} = \bar{p} = 0 \,, \; \bar{i} = -\frac{\beta(\alpha_1 + b - 1)}{\alpha_1 + b\beta} \xi$$

Durch die Annahme rationalen Verhaltens entfällt die Dynamik, die das System mit adaptiven Erwartungen gekennzeichnet hat: Die Optimalwerte sind keine Zeitpfade, sondern über die Zeit konstante Antworten auf Angebotsschocks ξ, und zwar nur auf diese. Das (Über-)Beschäftigungsziel $\hat{y}$ ist für die Geldpolitik, anders als bei adaptiven Erwartungen, ohne Bedeutung.[194] Geldpolitik folgt ausschließlich dem Stabilisierungsmotiv, da sie annahmegemäß einen Informationsvorsprung gegenüber den privaten Wirtschaftssubjekten hat.[195]

Eine weitere Möglichkeit, vorausschauende Erwartungen zu modellieren, ist ein System in diskreter Zeit, in dem in dem zukünftige Größen bereits heute relevant sind. Bezogen auf die Phillips-Kurve bedeutet dies, dass die Inflationser-

---

193 Vgl. dazu auch **Abb. 4.1**, wo sich der Nominalzins nach einem expansiven geldpolitischen Impuls zunächst unterhalb seines natürlichen Wertes befindet und dann darüber hinaus geht. Der Anpassungsprozess zum neuen Gleichgewicht wird bei rationalen Erwartungen übersprungen.

194 "(A) time consistent optimal policy will in general obtain only if the underlying dynamics is somehow eliminated in the course of optimization." Brock/Turnovsky (1980, S. 185).

195 Vgl. Spahn (^{2}1999, S. 124).

wartungen der Folgeperiode ganz oder teilweise in die heutige Erwartungsbildung eingehen:[196]

$$(4.46) \qquad p_t = \frac{1-\beta}{\beta} y_t + \eta \pi_{t+1}$$

Nimmt man ferner an, dass die in t beobachtete Inflationsrate mit der für t erwarteten übereinstimmt, kann man schreiben:[197]

$$(4.47) \qquad \pi_t = \frac{1-\beta}{\beta} y_t + \eta \pi_{t+1}, \text{ mit } 0 < \eta < 1$$

Mit der Methode unbestimmter Koeffizienten gelöst erhält man:[198]

$$(4.48) \qquad \pi_t = \frac{1-\beta}{\beta(1-\eta)} y_t$$

Zusammen mit der Güternachfragefunktion bzw. der Geldmarktgleichung

$$(4.49) \qquad y_t = -\alpha_1 (i_t - \pi_t)$$

$$(4.50) \qquad m_t = -bi_t + y_t + \pi_t$$

können die Lösungen für y_t, π_t und i_t bestimmt werden. Die staatliche Verlustfunktion sei:

$$(4.51) \qquad VR = -\frac{1}{2} E_t \left(\sum_{n=0}^{\infty} \delta^n \left(x\left(y_{t+n} - \hat{y}\right)^2 + \pi_{t+n}{}^2 \right) \right),$$

woraus sich die zu optimierende „Value-Funktion" ergibt:[199]

$$(4.52) \qquad V(\pi_t) = \underbrace{-\frac{1}{2}\left(x\left(y_t - \hat{y}\right)^2 + \pi_t{}^2 \right)}_{L} + \delta E_t V(\pi_{t+1})$$

Die Optimierung von (4.52) nach m_t erfolgt unter Berücksichtigung der Lösung des Gleichungssystems (4.48) – (4.50). Als Bedingung erster Ordnung erhält man:

$$(4.53) \qquad \frac{\partial V(\pi_t)}{\partial m_t} = \frac{\partial L}{\partial m_t} + \delta E_t \frac{\partial V(\pi_{t+1})}{\partial \pi_{t+1}} \frac{\partial \pi_{t+1}}{\partial m_t} = 0$$

Da der zweite Summand in (4.53) wegen $\frac{\partial \pi_{t+1}}{\partial m_t} = 0$ wegfällt, vereinfacht sich die Bedingung erster Ordnung entsprechend, und man erhält als Optimalwerte für y_t bzw. π_t:

---

196 Vgl. Clarida et al. (1999). Eine ausführlichere Darstellung der Optimierung eines makroökonomischen Systems in diskreter Zeit, wenn auch mit adaptiven Erwartungen findet sich bei Svensson (1997, S. 1139 ff.).

197 Diese Annahme ist problemlos, da von Schocks abstrahiert wird.

198 Vgl. Spahn (2003, S. 70 f.).

199 Vgl. Spahn (2003, S. 87 ff.).

(4.54) $$\overline{y}_t = \frac{x\beta^2(1-\eta)^2}{x\beta^2(1-\eta)^2+(1-\beta)^2}\hat{y}$$

(4.55) $$\overline{p}_t = \overline{\pi}_t = \frac{x\beta(1-\beta)(1-\eta)}{x\beta^2(1-\eta)^2+(1-\beta)^2}\hat{y}$$

Bei vorausschauender Erwartungsbildung besteht der Inflationsbias grundsätzlich weiterhin. Je stärker jedoch die zukünftigen Inflationserwartungen in die heutige Inflationsrate eingehen, desto geringer wird dieser *bias*. Für $\lim_{\eta \to 1}$ erhält man folgende Optimalwerte:

(4.56) $$\overline{m}_t = 0$$

(4.57) $$\overline{y}_t = \overline{p}_t = \overline{\pi}_t = \overline{i}_t = 0$$

Die vorgenommenen Überlegungen bestätigen also die Vermutung, dass der Inflationsbias des Barro-Gordon-Modells durch die dort unterstellten rückwärtsgewandten Erwartungen der privaten Wirtschaftssubjekte bedingt ist.[200] Die Argumente für stabilitätspolitisches Eingreifen des Staates bleiben dagegen bestehen.

200 „...the Central Bank itself *knows* from the outset that, if it plays this way, it will *fail* to improve employment and will just generate inflation, so it must be a stupid game for it to play at all." Goodhart (1994, S. 106). Hervorhebungen im Original.

5. Schlussbemerkung

Die vorliegende Arbeit untersuchte die stabilitätspolitischen Konfliktbeziehungen, die sich in einer Währungsunion daraus ergeben können, dass diese asymmetrischen Störungen ausgesetzt sein kann. Dies kann zur Folge haben, dass zum einen die ihrer jeweiligen (Wahl-) Bevölkerung verpflichteten Mitgliedsländer divergierende Fiskalpolitiken betreiben und dass zum anderen die supranationale Notenbank eine am (unionsweiten) „Gesamtwohl" ausgerichtete Politik betreibt. Die spieltheoretischen Betrachtungen sollten Aufschluss darüber geben, welches Währungssystem bei stabilisierungspolitischem Handeln der staatlichen Akteure in wohlfahrtstheoretischer Hinsicht die beste Wahl darstellt. Eine weiterführende Frage war, wie sich – unter der Annahme, dass sich zwei Länder auf die Bildung einer Währungsunion geeinigt haben – die Implikationen von Größenunterschieden für die Stabilisierungspolitik in der Währungsunion unter verschiedenen strategischen Verhaltensannahmen wohlfahrtstheoretisch auswirken.

Die spieltheoretische Untersuchung zeigte, dass, wenn ein Leitwährungssystem zugunsten einer Währungsunion aufgegeben wird, das ehemalige Leitwährungsland angesichts asymmetrischer Störungen einen Wohlfahrtsverlust erleidet. Des weiteren wurde der Frage nachgegangen, ob Kooperation in jedem Fall wohlfahrtssteigernd wirkt. Es zeigte sich, dass dies nur für den Fall gleich großer Länder uneingeschränkt gilt. Für ungleich große Länder kann die grundsätzliche Suboptimalität der Nash-Lösung gegenüber der Kooperationslösung für das größere Land dadurch kompensiert werden, das sich das kleinere Land zu einer stärkeren fiskalpolitischen Reaktion veranlasst sieht, wovon das größere Land wiederum profitiert. Verfolgt die Notenbank unionsweite Durchschnittswerte als Zielgrößen, gilt diese „Ausbeutung" des kleinen Landes durch das große parameterunabhängig. Unionsweit gesehen ist Kooperation im Vergleich zu Nash-Verhalten durchaus von Vorteil, möglicherweise wird dieser Vorteil jedoch durch den Verlust eines Landes erkauft, so dass es fraglich ist, ob eine fiskalpolitische Kooperation unter diesen Umständen zustande kommt. Dieses Ergebnis ist unabhängig davon, ob die Notenbank in ihrer Zielfunktion unionsweite Durchschnittswerte für Inflationsrate und Output stabilisiert oder die nationalen Verlustfunktionen gleich gewichtet optimiert. Nimmt man an, dass die Notenbank aufgrund ihrer politischen Unabhängigkeit in der Lage ist, die Position eines Stackelberg-leaders einzunehmen, während sich die Regierungen untereinander ein Nash-Optimierungskalkül verfolgen, bedeutet dies, dass das größere Land von dieser Konstellation im Vergleich zum Nash-Spiel profitiert, während das kleinere Land einen Schaden erleidet. Für gleich große Länder sind die Akteure indifferent. Das größere Land dürfte demnach ein Interesse daran haben, für eine starke, politisch unabhängige Notenbank einzutreten, während für das kleinere Land eine größere politische Verantwortlichkeit der Notenbank vorteilhafter wäre.

Möglicherweise erscheint die Operationalisierung der Interessen der Unionsländer als ausschließlich an nationalen Größen orientiert als zu einseitig. Da die europäische Integration im Allgemeinen und die Europäische Wirtschafts- und Währungsunion im Besonderen in der Bevölkerung der einzelnen Mitgliedsländer – oder auch potenziellen Mitgliedsländer – auf unterschiedlichen Enthusiasmus stößt, erscheint die Modellierung der Ziele der Teilnehmerländer als an nationalen Interessen orientiert nicht unrealistisch, so dass aus Gründen der politischen Akzeptanz nachvollziehbar ist, dass Kooperation nicht unbedingt ein Wert an sich ist, sondern unter dem Gesichtspunkt betrachtet wird, wie sich die Berücksichtigung unionsweiter Ziele auf das eigene Land auswirkt. Diese Modellierung sollte jedoch als rein deskriptiv und nicht als normativ verstanden werden. Bei allen, mitunter pathetischen, Bekenntnissen politischer Repräsentanten zu „Europa“ (nicht etwa zur „Europäischen Union“ oder gar zum „Europäischen Ausrichtungs- und Garantiefonds für die Landwirtschaft (EAGFL)“) wird durchaus darauf geachtet, dass das „wohlverstandene Eigeninteresse“ nicht zu kurz kommt.

Unterstellt man benevolentes Verhalten der politischen Entscheidungsträger, d.h. ein von Stabilisierungsmotiven geleitetes wirtschaftspolitisches Handeln im Einklang mit den Präferenzen der privaten Wirtschaftssubjekte, liefert die modelltheoretische Betrachtung kein Argument für fiskalpolitische Regeln wie im Vertrag von Maastricht und im Stabilitäts- und Wachstumspakt vorgesehen. Wird dagegen davon ausgegangen, dass Regierungen eine Neigung zu exzessiven Defiziten haben, wird der Sinn fiskalpolitischer Regeln bestätigt. Die grundsätzliche Annahme von Benevolenz kann vielleicht dadurch gerechtfertigt werden, dass die Neigung zu inflatorischer Geldpolitik oder exzessiven Haushaltsdefiziten zumindest seit Anfang der 90er Jahre abgenommen zu haben scheint. Ob dies durch entsprechende Notenbankverfassungen erreicht wurde oder andere Gründe hat, konnte im Rahmen der hier behandelten Fragestellungen offen bleiben.

Verfolgt die Notenbank einzig ein Inflationsziel, können fiskalpolitische Regeln geeignet sein, sowohl die Wohlfahrt der Union als Ganze, wie auch der einzelnen Teilnehmerstaaten zu steigern. Auch hieraus lässt sich jedoch kein Argument für Beschränkungen der nationalen Haushaltspolitiken herleiten, da die Ursache ineffizienter Fiskalpolitik die einseitige Orientierung der Notenbank auf das Inflationsziel ist. Die Schlussfolgerung, die hieraus also zu ziehen ist, ist die, dass die Notenbank neben einem Inflationsziel auch ein Beschäftigungsziel verfolgen sollte.

Eine dynamische spieltheoretische Betrachtung kam zu dem Schluss, dass Stabilisierungspolitik auch dann sinnvoll sein kann, wenn sich das makroökonomische System im Zeitablauf endogen stabilisiert. Der Politik kommt dann die Aufgabe zu, die wirtschaftspolitisch relevanten Größen auf einen effizienteren Anpassungspfad zu bringen. Die statischen Optimierungsergebnisse wurden dabei im Wesentlichen bestätigt. Es konnte gezeigt werden, dass sich kooperatives

Verhalten bei gleich großen Ländern endogen einstellen kann, wenn dieses eine Pareto-Verbesserung bedeutet.
Der Umstand, dass eine Währungsunion zwei Staaten umfasst, mag als grobe Vereinfachung erscheinen. Die Vermutung liegt jedoch nahe, dass eine Ausdehnung des Modells auf mehrere Akteure zu einer Steigerung der Komplexität beigetragen hätte, mit der der Erkenntnisgewinn nicht schrittgehalten hätte. Möglicherweise wird die Bedeutung nicht internalisierter externer Effekte größer und Koordinierung nationaler Fiskalpolitiken schwieriger. Vermutlich ist die Anzahl der Teilnehmer an einer Währungsunion auch bedeutsam, wenn es um das Abstimmungsverhalten im Zentralbankrat geht – ein politökonomischer Gesichtspunkt, der in dieser Arbeit nur am Rande gestreift wurde. Gesetzt den Fall, die Mitglieder des Zentralbankrates orientieren ihr Abstimmungsverhalten auch an nationalen Interessen, stellt sich die (hier offen gebliebene) Frage, welche Auswirkungen die anvisierte Reform der Abstimmungsmodalitäten im EZB-Rat bei Ausdehnung des Euro-Währungsraums hat.
Viele Ergebnisse, die in dieser Arbeit gewonnen wurden, hängen wesentlich von der relativen Größe der zwei Teilnehmerstaaten an der Währungsunion ab. Es wurde darauf hingewiesen, dass die EU von einigen Autoren in die Ländergruppen „Kern" und „Peripherie" eingeteilt werden, je nach Synchronisationsgrad der Konjunkturverläufe oder Anfälligkeit gegenüber asymmetrischen Störungen. Die in dieser Arbeit vorgenommene Einteilung in „Inland" und „Ausland" kann durchaus auch als Chiffre für diese Kategorien gesehen werden, wobei die Peripherie wiederum nicht unbedingt als einheitlicher Block gesehen werden muss. Möglicherweise ändern sich die Größenverhältnisse und die Zusammensetzung von „Kern" und „Peripherie" mit dem anvisierten Beitritt weiterer Staaten zunächst zur EU und dann zur Eurozone.

Anhang

Multiplikatoren Währungsunion (I)

	dm	dg	dg^*
dy	$\frac{\alpha_1\beta}{\alpha_1+\beta(1-\alpha_4)}$	$\frac{\beta(\alpha_1(1-\varphi)+\alpha_2(1-\beta)+\beta(1+\alpha_4))}{\Omega_1}$	$\frac{\beta(-\alpha_1(1-\varphi)+\alpha_2(1-\beta)+\alpha_4\beta)}{\Omega_1}$
dy^*	$\frac{\alpha_1\beta}{\alpha_1+\beta(1-\alpha_4)}$	$\frac{\beta(-\alpha_1\varphi+\alpha_2(1-\beta)+\alpha_4\beta)}{\Omega_1}$	$\frac{\beta(\alpha_1\varphi+\alpha_2(1-\beta)+\beta(1+\alpha_4))}{\Omega_1}$
dp	$\frac{\alpha_1(1-\beta)}{\alpha_1+\beta(1-\alpha_4)}$	$\frac{(1-\beta)(\alpha_1(1-\varphi)+\alpha_2(1-\beta)+\beta(1+\alpha_4))}{\Omega_1}$	$\frac{(1-\beta)(-\alpha_1(1-\varphi)+\alpha_2(1-\beta)+\alpha_4\beta)}{\Omega_1}$
dp^*	$\frac{\alpha_1(1-\beta)}{\alpha_1+\beta(1-\alpha_4)}$	$\frac{(1-\beta)(-\alpha_1\varphi+\alpha_2(1-\beta)+\alpha_4\beta)}{\Omega_1}$	$\frac{(1-\beta)(\alpha_1\varphi+\alpha_2(1-\beta)+\beta(1+\alpha_4))}{\Omega_1}$
di	$-\frac{\beta(1-\alpha_4)}{\alpha_1+\beta(1-\alpha_4)}$	$\frac{\alpha_2(1-\beta)+\beta(\alpha_4+\varphi)}{\Omega_1}$	$\frac{\alpha_2(1-\beta)+\beta(\alpha_4+1-\varphi)}{\Omega_1}$

Multiplikatoren Währungsunion (II)

	dw	dw^*
dy	$\frac{\alpha_1\beta\left(2\alpha_2\left(1-\beta\varphi\right)+\beta\varphi\left(2\alpha_4+1\right)\right)+\alpha_2\beta^2}{\Omega_1}$	$\frac{\beta^2\left(\alpha_1\left(1-\varphi\right)\left(2\alpha_2-2\alpha_4-1\right)+\alpha_2\right)}{\Omega_1}$
dy^*	$\frac{\beta^2\left(\alpha_1\varphi\left(2\alpha_2-2\alpha_4-1\right)+\alpha_2\right)}{\Omega_1}$	$-\frac{\alpha_1\beta\left(2\alpha_2\left(1-\beta\left(1-\varphi\right)\right)+\beta\left(1-\varphi\right)\left(2\alpha_4+1\right)\right)+\alpha_2\beta^2}{\Omega_1}$
dp	$\frac{\alpha_1\beta\left(2\alpha_2\varphi\left(1-\beta\right)+\left(2\alpha_4+1\right)\left(\beta\varphi+1-\varphi\right)\right)+\alpha_2\beta\left(1-\beta\right)+\beta^2\left(2\alpha_4+1\right)}{\Omega_1}$	$\frac{\beta\left(1-\beta\right)\left(\alpha_1\left(1-\varphi\right)\left(2\alpha_2-2\alpha_4-1\right)+\alpha_2\right)}{\Omega_1}$
dp^*	$\frac{\beta\left(1-\beta\right)\left(\alpha_1\varphi\left(2\alpha_2-2\alpha_4-1\right)+\alpha_2\right)}{\Omega_1}$	$\frac{\alpha_1\beta\left(2\alpha_2\left(1-\beta\right)\left(1-\varphi\right)+\left(\varphi+\beta\left(1-\varphi\right)\right)\left(1+2\alpha_4\right)\right)+\alpha_2\beta\left(1-\beta\right)+\beta^2\left(2\alpha_4+1\right)}{\Omega_1}$
di	$\frac{\beta\left(\alpha_2\left(1-2\beta\varphi\right)+\beta\varphi\left(1+2\alpha_4\right)\right)}{\Omega_1}$	$\frac{\beta\left(\alpha_2\left(1-2\beta\left(1-\varphi\right)\right)+\beta\left(1-\varphi\right)\left(1+2\alpha_4\right)\right)}{\Omega_1}$

$$\Omega_1=\left(\alpha_1+\beta\right)\left(2\alpha_2\left(1-\beta\right)+\beta\left(2\alpha_4+1\right)\right)>0$$

Multiplikatoren Wechselkursunion mit Leitwährung (I)

	dm	dg	dg^*
dy	$\frac{\alpha_1\beta}{\alpha_1+\beta(1-\alpha_4)}$	$\frac{\beta(\alpha_2(1-\beta)+\beta(1+\alpha_4))}{\Omega_1}$	$\frac{\beta(\alpha_2(1-\beta)+\alpha_4\beta)}{\Omega_1}$
dy^*	$\frac{\alpha_1\beta}{\alpha_1+\beta(1-\alpha_4)}$	$\frac{\beta(-\alpha_1+\alpha_2(1-\beta)+\alpha_4\beta)}{\Omega_1}$	$\frac{\beta(\alpha_1+\alpha_2(1-\beta)+\beta(1+\alpha_4))}{\Omega_1}$
dp	$\frac{\alpha_1\beta}{\alpha_1+\beta(1-\alpha_4)}$	$\frac{(1-\beta)(\alpha_2(1-\beta)+\beta(1+\alpha_4))}{\Omega_1}$	$\frac{(1-\beta)(\alpha_2(1-\beta)+\alpha_4\beta)}{\Omega_1}$
dp^*	$\frac{\alpha_1\beta}{\alpha_1+\beta(1-\alpha_4)}$	$\frac{(1-\beta)(-\alpha_1+\alpha_2(1-\beta)+\alpha_4\beta)}{\Omega_1}$	$\frac{(1-\beta)(\alpha_1+\alpha_2(1-\beta)+\beta(1+\alpha_4))}{\Omega_1}$
di	$-\frac{\beta(1-\alpha_4)}{\alpha_1+\beta(1-\alpha_4)}$	$\frac{\alpha_2(1-\beta)+\beta(1+\alpha_4)}{\Omega_1}$	$\frac{\alpha_2(1-\beta)+\alpha_4\beta}{\Omega_1}$
dm^*	1	$-\frac{1}{\beta(1+2\alpha_4)+2\alpha_2(1-\beta)}$	$\frac{1}{\beta(1+2\alpha_4)+2\alpha_2(1-\beta)}$

Multiplikatoren Wechselkursunion mit Leitwährung (II)

	dw	dw^*
dy	$-\frac{\alpha_1\beta\left(2\alpha_2(1-\beta)+\beta(2\alpha_4+1)\right)+\alpha_2\beta^2}{\Omega_1}$	$\frac{\alpha_2\beta^2}{\Omega_1}$
dy^*	$\frac{\beta^2\left(\alpha_1(2\alpha_2-2\alpha_4-1)+\alpha_2\right)}{\Omega_1}$	$\frac{\alpha_2\beta(2\alpha_1+\beta)}{\Omega_1}$
dp	$\frac{\alpha_1\beta\left(2\alpha_2(1-\beta)+\beta(1+2\alpha_4)\right)+\alpha_2\beta(1-\beta)+\beta^2(1+2\alpha_4)}{\Omega_1}$	$\frac{\alpha_2\beta(1-\beta)}{\Omega_1}$
dp^*	$\frac{\beta(1-\beta)\left(\alpha_1(2\alpha_2-2\alpha_4-1)+\alpha_2\right)}{\Omega_1}$	$\frac{\beta\left(\alpha_1(1+2\alpha_4)+\alpha_2(1-\beta)+\beta(1+2\alpha_4)\right)}{\Omega_1}$
di	$\frac{\beta\left(\alpha_2(1-2\beta)+\beta(1+2\alpha_4)\right)}{\Omega_1}$	$\frac{\alpha_2\beta}{\Omega_1}$
dm^*	$\frac{\beta(2\alpha_2-2\alpha_4-1)}{\beta(1+2\alpha_4)+2\alpha_2(1-\beta)}$	$\frac{-\beta(2\alpha_2-2\alpha_4-1)}{\beta(1+2\alpha_4)+2\alpha_2(1-\beta)}$

Multiplikatoren System flexibler Wechselkurse

	dm	dm^*	dg	dg^*
dy	$\frac{\beta(2\alpha_1+\beta(1-\alpha_4))}{\Omega_2}$	$-\frac{\beta^2(1-\alpha_4)}{\Omega_2}$	$\frac{\beta}{\Omega_2}$	$\frac{\beta}{\Omega_2}$
dy^*	$-\frac{\beta^2(1-\alpha_4)}{\Omega_2}$	$\frac{\beta(2\alpha_1+\beta(1-\alpha_4))}{\Omega_2}$	$\frac{\beta}{\Omega_2}$	$\frac{\beta}{\Omega_2}$
dp	$\frac{(1-\beta)(2\alpha_1+\beta(1-\alpha_4))}{\Omega_2}$	$-\frac{\beta(1-\beta)(1-\alpha_4)}{\Omega_2}$	$\frac{1-\beta}{\Omega_2}$	$\frac{1-\beta}{\Omega_2}$
dp^*	$-\frac{\beta(1-\beta)(1-\alpha_4)}{\Omega_2}$	$\frac{(1-\beta)(2\alpha_1+\beta(1-\alpha_4))}{\Omega_2}$	$\frac{1-\beta}{\Omega_2}$	$\frac{1-\beta}{\Omega_2}$
di	$-\frac{\beta(1-\alpha_4)}{\Omega_2}$	$-\frac{\beta(1-\alpha_4)}{\Omega_2}$	$\frac{1}{\Omega_2}$	$\frac{1}{\Omega_2}$
de	$\frac{\beta(1+\alpha_4)+2\alpha_2(1-\beta)}{2\alpha_2}$	$-\frac{\beta(1+\alpha_4)+2\alpha_2(1-\beta)}{2\alpha_2}$	$-\frac{1}{2\alpha_2}$	$\frac{1}{2\alpha_2}$

	dw	dw^*
dy	$-\frac{\beta(2\alpha_1+\beta(1-\alpha_4))}{\Omega_2}$	$\frac{\beta^2(1-\alpha_4)}{\Omega_2}$
dy^*	$\frac{\beta^2(1-\alpha_4)}{\Omega_2}$	$-\frac{\beta(2\alpha_1+\beta(1-\alpha_4))}{\Omega_2}$
dp	$\frac{\beta(2\alpha_1+(1-\alpha_4)(1+\beta))}{\Omega_2}$	$\frac{\beta(1-\beta)(1-\alpha_4)}{\Omega_2}$
dp^*	$\frac{\beta(1-\beta)(1-\alpha_4)}{\Omega_2}$	$\frac{\beta(2\alpha_1+(1-\alpha_4)(1+\beta))}{\Omega_2}$
di	$\frac{\beta(1-\alpha_4)}{\Omega_2}$	$\frac{\beta(1-\alpha_4)}{\Omega_2}$
de	$\frac{\beta(2\alpha_2-\alpha_4-1)}{2\alpha_2}$	$-\frac{\beta(2\alpha_2-\alpha_4-1)}{2\alpha_2}$

$$\Omega_2 = 2(\alpha_1+\beta(1-\alpha_4)) > 0$$

Multiplikatoren Währungsunion mit „übriger Welt", keynesianischer Fall (I)

	dm	dm^{ROW}	dg	dg^{*}
dy	$\frac{3\alpha_1+1}{\Omega_3}$	$-\frac{1}{\Omega_3}$	$\frac{3\alpha_1(1-\varphi)+3-\varphi}{\Omega_3}$	$-\frac{(1-\varphi)(1+3\alpha_1)}{\Omega_3}$
dy^{*}	$\frac{3\alpha_1+1}{\Omega_3}$	$-\frac{1}{\Omega_3}$	$-\frac{\varphi(1+3\alpha_1)}{\Omega_3}$	$\frac{3\alpha_1\varphi+\varphi+2}{\Omega_3}$
dy^{ROW}	$-\frac{2}{\Omega_3}$	$\frac{3\alpha_1+2}{\Omega_3}$	$\frac{2\varphi}{\Omega_3}$	$\frac{2(1-\varphi)}{\Omega_3}$
dp	0	0	0	0
dp^{*}	0	0	0	0
dp^{ROW}	0	0	0	0
di	$-\frac{2}{\Omega_3}$	$-\frac{1}{\Omega_3}$	$\frac{2\varphi}{\Omega_3}$	$\frac{2(1-\varphi)}{\Omega_3}$
de	$\frac{1}{3\alpha_3}$	$-\frac{1}{3\alpha_3}$	$-\frac{\varphi}{3\alpha_3}$	$-\frac{(1-\varphi)}{3\alpha_3}$

Multiplikatoren Währungsunion mit „übriger Welt", keynesianischer Fall (II)

	dw	dw^*	dw^{ROW}
dy	$-\frac{3\alpha_1\left(2\alpha_2(1-\varphi)+\alpha_3(1-\varphi)+\varphi\right)+2\alpha_2(2-\varphi)+\alpha_3(2-\varphi)+\varphi}{\Omega_3}$	$\frac{3\alpha_1(1-\varphi)(2\alpha_2+\alpha_3-1)+2\alpha_2(2-\varphi)+\alpha_3(2-\varphi)-1+\varphi}{\Omega_3}$	$\frac{1}{\Omega_3}$
dy^*	$\frac{3\alpha_1\varphi(2\alpha_2+\alpha_3-1)+2\alpha_2(1+\varphi)-\alpha_3(1+\varphi)-\varphi}{\Omega_3}$	$-\frac{3\alpha_1(2\alpha_2\varphi+\alpha_3\varphi+1-\varphi)+2\alpha_2(1+\varphi)+\alpha_3(1-\varphi)+1-\varphi}{\Omega_3}$	$\frac{1}{\Omega_3}$
dy^{ROW}	$-\frac{2\alpha_2(2\varphi-1)+\alpha_3(2\varphi-1)-2\varphi}{\Omega_3}$	$\frac{2\alpha_2(2\varphi-1)+\alpha_3(2\varphi-1)+2(1-\varphi)}{\Omega_3}$	$-\frac{3\alpha_1+2}{\Omega_3}$
dp	1	0	0
dp^*	0	1	0
dp^{ROW}	0	0	1
di	$-\frac{2\alpha_2(2\varphi-1)+\alpha_3(2\varphi-1)-2\varphi}{\Omega_3}$	$\frac{2\alpha_2(2\varphi-1)+\alpha_3(2\varphi-1)+2(1-\varphi)}{\Omega_3}$	$\frac{1}{\Omega_3}$
de	$\frac{\alpha_2(2\varphi-1)+\alpha_3(1+\varphi)-\varphi}{3\alpha_3}$	$-\frac{\alpha_2(2\varphi-1)+\alpha_3(\varphi-2)+1-\varphi}{3\alpha_3}$	$\frac{1-3\alpha_3}{3\alpha_3}$

$\Omega_3 = 3\alpha_1 + 1 > 0$

Dynamisches System Währungsunion (Differenzialgleichungen)

Die Gleichungen (4.6) und (4.7) können unter Berücksichtigung von (4.1) bis (4.5) wie folgt in Matrixform dargestellt werden:

$$\underbrace{\begin{pmatrix}1 & 0\\ 0 & 1\end{pmatrix}}_{I}\begin{pmatrix}\pi'\\ \pi^{*\prime}\end{pmatrix}-\underbrace{\begin{pmatrix}\dfrac{j(1-\beta)\begin{pmatrix}\alpha_1^2(\varphi-1)(\beta(k-1)+1)\\ +\alpha_1\begin{pmatrix}\alpha_2\begin{pmatrix}b(\beta-1)\\ -2(\beta(k(\varphi-1)+1)-1)\end{pmatrix}\\ -\beta(b-\varphi)\end{pmatrix}\\ +\alpha_2 b\beta\end{pmatrix}}{(2\alpha_2(\beta-1)-\beta)(\alpha_1(\beta(k-1)+1)+b\beta)} & \dfrac{j(\beta-1)\begin{pmatrix}\alpha_1^2(\varphi-1)(\beta(k-1)+1)\\ -\alpha_1\begin{pmatrix}\alpha_2(b(\beta-1)+2\beta k(\varphi-1))\\ +\beta(1-\varphi)\end{pmatrix}\\ +\alpha_2 b\beta\end{pmatrix}}{(2\alpha_2(\beta-1)-\beta)(\alpha_1(\beta(k-1)+1)+b\beta)}\\ \dfrac{j(1-\beta)\begin{pmatrix}\alpha_1^2\varphi(\beta(k-1)+1)\\ +\alpha_1(\alpha_2(b(\beta-1)-2\beta k\varphi)+\beta\varphi)-\alpha_2 b\beta\end{pmatrix}}{(2\alpha_2(\beta-1)-\beta)(\alpha_1(\beta(k-1)+1)+b\beta)} & \dfrac{j(\beta-1)\begin{pmatrix}\alpha_1^2\varphi(\beta(k-1)+1)\\ +\alpha_1\begin{pmatrix}\beta(b+\varphi-1)-\alpha_2\begin{pmatrix}b(\beta-1)\\ +2(\beta(k\varphi-1)+1)\end{pmatrix}\end{pmatrix}\\ -\alpha_2 b\beta\end{pmatrix}}{(2\alpha_2(\beta-1)-\beta)(\alpha_1(\beta(k-1)+1)+b\beta)}\end{pmatrix}}_{M}\begin{pmatrix}\pi\\ \pi^*\end{pmatrix}$$

$$=\begin{pmatrix}\dfrac{\alpha_1 j(1-\beta)}{\alpha_1(\beta(k-1)+1)+b\beta} & \dfrac{j(1-\beta)(\alpha_1(\varphi-1)(\beta(k-1)+1)+b(\alpha_2(\beta-1)-\beta))}{(2\alpha_2(\beta-1)-\beta)(\alpha_1(\beta(k-1)+1)+b\beta)} & \dfrac{j(\beta-1)(\alpha_1(\varphi-1)(\beta(k-1)+1)+\alpha_2 b(1-\beta))}{(2\alpha_2(\beta-1)-\beta)(\alpha_1(\beta(k-1)+1)+b\beta)}\\ \dfrac{\alpha_1 j(1-\beta)}{\alpha_1(\beta(k-1)+1)+b\beta} & \dfrac{j(1-\beta)(\alpha_1\varphi(\beta(k-1)+1)+\alpha_2 b(\beta-1))}{(2\alpha_2(\beta-1)-\beta)(\alpha_1(\beta(k-1)+1)+b\beta)} & \dfrac{j(\beta-1)(\alpha_1\varphi(\beta(k-1)+1)-b(\alpha_2(\beta-1)-\beta))}{(2\alpha_2(\beta-1)-\beta)(\alpha_1(\beta(k-1)+1)+b\beta)}\end{pmatrix}\begin{pmatrix}m^g\\ g\\ g^*\end{pmatrix}$$

Um zunächst die komplementäre Lösung zu erhalten, werden $m^g = g = g^* = 0$ gesetzt, um ein homogenes Differenzialgleichungssystem zu erhalten. Werden nun die Versuchslösungen $\pi = me^{rt}$ und $\pi^* = ne^{rt}$ eingesetzt, erhält man die charakteristische Gleichung $|rI - M| = 0$ mit den reellen Eigenwerten: $r_1 = \frac{j(\alpha_1 - 2\alpha_2)(1-\beta)}{2\alpha_2(1-\beta)+\beta}$, $r_2 = \frac{\alpha_1 j(1-\beta)(b-1)}{\alpha_1(\beta(k-1)+1)+\beta b}$, so dass man bei unterschiedlichen Eigenwerten[201] als Lösung für (4.6) und (4.7) die Ausdrücke $\pi = m_1 e^{r_1 t} + m_2 e^{r_2 t}$ und $\pi^* = n_1 e^{r_1 t} + n_2 e^{r_2 t}$ erhält. Setzt man die Lösungen der charakteristischen Gleichung in $(r_{1;2}I - M)\begin{pmatrix} m_{1;2} \\ n_{1;2} \end{pmatrix} = \begin{pmatrix} 0 \\ 0 \end{pmatrix}$ ein, erhält man folgende Beziehungen zwischen m_1 und n_1 bzw. m_2 und n_2:

$$m_1 = A_1,\ n_1 = \frac{\alpha_1^2\varphi(\beta(k-1)+1)+\alpha_1(\alpha_2(b(\beta-1)-2\beta k\varphi)+\beta\varphi)-\alpha_2 b\beta}{\alpha_1^2(\varphi-1)(\beta(k-1)+1)-\alpha_1(\alpha_2(b(\beta-1)+2\beta k(\varphi-1))+\beta(1-\varphi))+\alpha_2 b\beta}A_1;\ m_2 = A_2,\ n_2 = A_2.$$

Die Konstanten A_1 und A_2 werden nun mittels zweier Anfangsbedingungen bestimmt.

Die partikuläre Lösung erhält man, indem $\pi^{(*)\prime} = 0$ gesetzt wird. In das Gleichungssystem eingesetzt und nach π bzw. π^* aufgelöst erhält man:

$$\begin{pmatrix} 1 & 0 \\ 0 & 1 \end{pmatrix}\begin{pmatrix} \pi \\ \pi^* \end{pmatrix} = \begin{pmatrix} \frac{1}{1-b} & \frac{\alpha_1(b+\varphi-1)-\alpha_2 b}{\alpha_1(1-b)(\alpha_1-2\alpha_2)} & \frac{\alpha_1(\varphi-1)+\alpha_2 b}{\alpha_1(1-b)(\alpha_1-2\alpha_2)} \\ \frac{1}{1-b} & \frac{\alpha_1\varphi-\alpha_2 b}{\alpha_1(1-b)(\alpha_1-2\alpha_2)} & \frac{\alpha_1(b-\varphi)-\alpha_2 b}{\alpha_1(1-b)(\alpha_1-2\alpha_2)} \end{pmatrix}\begin{pmatrix} m^g \\ g \\ g^* \end{pmatrix}$$

Die endgültige Lösung des Systems erhält man durch Addition von komplementärer und partikulärer Lösung.

201 Für das Lösungsverfahren bei reellen und identischen Eigenwerten vgl. Gandolfo (²1980) S. 269 ff.

Anteile am EU-weiten Bruttoinlandsprodukt 2001

(Grunddaten: EUROSTAT; eigene Berechnung)

	Eurozone	EU-15
Deutschland	30,3	23,4
Frankreich	21,4	16,6
Italien	17,8	13,8
Spanien	9,6	7,4
Niederlande	6,3	4,9
Belgien	3,7	2,9
Österreich	3,1	2,4
Finnland	2,0	1,5
Griechenland	1,9	1,5
Portugal	1,8	1,4
Irland	1,7	1,3
Luxemburg	0,3	0,2
Vereinigtes Königreich	-/-	18,0
Schweden	-/-	2,8
Dänemark	-/-	2,0
$\sum$	99,9	100,1

Verzeichnis der Abbildungen und Tabellen

Symbolverzeichnis

(Y)	Niveaugröße (hier: Volkseinkommen)
(y)	Änderungsrate
$(\bullet)^*$	ausländische Größe
$\overline{(\bullet)}$	Optimalwert; Gleichgewichtswert
$\widehat{(\bullet)}$	Zielgröße
$(\bullet)^r$	realer Wert
$(\bullet)^d$	Nachfrage
$(\bullet)^s$	Angebot
A	Konstante
AB	Außenbeitrag
b	Zinselastizität der Geldnachfrage; Eigenwert
c	marginale Konsumneigung
C	Konsum; Konstante
E	Erwartungswert; Wechselkurs
e	Eulersche Zahl; Änderungsrate Wechselkurs
Ex	Exporte
G	Staatsausgaben
H	Hamilton-Funktion
i	Zinssatz
I	Investitionen; Einheitsmatrix
im	marginale Importneigung
Im	Importe
j	Lernparameter
k	Kassenhaltungselastizität
K	Sachkapitalwert
L	Geldnachfrage; Lohnquote; Verlustfunktion
M	Geldangebot
MU	Währungsunion
N	Beschäftigungsmenge
P	Preisniveau
r	Eigenwert
RF	Reaktionsfunktion
ROW	übrige Welt
t	Zeitindex
V	Value-Funktion
VR	Verlustfunktion der Regierung
VN	Verlustfunktion der Notenbank
W	Lohnsatz
x	Gewichtungsparameter
z	Gewichtungsparameter
ZB	Zahlungsbilanzsaldo
α	Einkommenselastizitäten
β	Produktionselastizität des Faktors Arbeit
δ	Diskontierungsfaktor
Δ	Zinsdifferenz
φ	Anteil des Inlandes an Geldnachfrage in der Währungsunion
γ	Phillipskurven-Parameter
η	Lernparameter
κ	Kapitalmobilität
λ	Kozustandsvariable
π	Inflationserwartung
ρ	Diskontierungsfaktor
ξ	Produktivitätsschock

Literaturverzeichnis

Aizenman, Joshua, Competitive Externalities and the Optimal Seigniorage, in: Journal of Money, Credit, and Banking, Vol. 24 (1992), S. 61 – 71.

Aksoy, Yunus, Paul De Grauwe und Hans Dewachter, Do Asymmetries Matter for European Monetary Policy? In: European Economic Review, Vol. 46 (2002), S. 443 – 469.

Alesina, Alberto und Guido Tabellini, Rules and Discretion with Noncoordinated Monetary and Fiscal Policies, in: Economic Inquiry, Vol. 25 (1987), S. 619 – 630.

Allen, Polly Reynolds und Peter B. Kenen, Asset Markets, Exchange Rates, and Economic Integration. A Synthesis, Cambridge et al. 1980.

Allsopp, Christopher und David Vines, The Assessment: Macroeconomic Policy, in: Oxford Review of Economic Policy, Vol. 16 (2000), S. 1 – 32.

Allsopp, Christopher und Michael J. Artis, The Assessment: EMU, Four Years On, in: Oxford Review of Economic Policy, Vol. 19 (2003), S. 1 – 29.

Andersen, Torben M. und Robert R. Dogonowski, EMU and Budget Norms, in: Hughes Hallet, Andrew, Michael M. Hutchinson und Svend E. Hougaard Jensen (Hg.), Fiscal Aspects of European Integration, Cambridge 1999, S. 69 – 95.

Aoki, Masanao, Optimal Control and System Theory in Dynamic Analysis, New York et al. 1976.

Aoki, Masanao, Dynamic Analysis of Open Economies, New York et al. 1981.

Artis, M. J. und W. Zhang, International Business Cycles and the ERM: Is there a European Business Cycle? In: International Journal of Finance Economics, Vol. 2 (1997), S. 1 – 16.

Artis, Michael D. und Bernhard Winkler, Trading off Flexibility for Credibility, in: Hughes Hallet, Andrew, Michael M. Hutchinson und Svend E. Hougaard Jensen (Hg.), Fiscal Aspects of European Integration, Cambridge 1999, S. 157 – 188.

Barro, Robert J. und David B. Gordon, A Positive Theory of Monetary Policy in a Natural Rate Model, in: Journal of Political Economy, Vol. 91 (1983), S. 589 – 610.

Barro, Robert J. und David B. Gordon, Rules, Discretion, and Reputation in a Model of Monetary Policy, in: Journal of Monetary Economics, Vol. 12 (1983), S. 101 – 122.

Bayoumi, Tamin und Barry Eichengreen, Shocking Aspects of Monetary Unification, in: Torres, Francisco und Francesco Giavazzi (Hg.), Adjustment and Growth in the European Monetary Union, Cambridge 1993, S. 193 – 229.

Bayoumi, Tamin und Barry Eichengreen, Ever Closer to Heaven? An Optimum-Currency-Area Index for European Countries, in: European Economic Review, Vol. 41 (1997), S. 761 – 770.

Beetsma, Roel M. W. J. und A. Lans Bovenberg, Monetary Union without Fiscal Coordination May Discipline Policymakers, in: Journal of International Economics, Vol. 45 (1998), S. 239 – 258.

Beetsma, Roel M. W. J. und A. Lans Bovenberg, Monetary Union without Fiscal Coordination May Discipline Policymakers, in: Journal of International Economics, Vol. 45 (1998), S. 239 – 258.

Beetsma, Roel M. W. J. und A. Lans Bovenberg, Does Monetary Unification Lead to Excessive Debt Accumulation? In: Journal of Public Economics, Vol. 74 (1999), S. 299 – 325.

Beetsma, Roel M. W. J., The Stability and Growth Pact in a Model with Politically Induced Deficit Biases, in: Hughes Hallet, Andrew, Michael M. Hutchinson und Svend E. Hougaard Jensen (Hg.), Fiscal Aspects of European Integration, Cambridge 1999, S. 189 – 215.

Beetsma, Roel M. W. J. und A. Lans Bovenberg, Designing Fiscal and Monetary Institutions for a European Monetary Union, in: Public Choice, Vol. 102 (2000), S. 247 – 269.

Beetsma, Roel M. W. J. und A. Lans Bovenberg, The Optimality of a Monetary Union without a Fiscal Union, in: Journal of Money, Credit, and Banking, Vol. 33 (2001), S. 179 – 204.

Belke, Ansgar, Asymmetrische Schocks in der EWU: Zum Bedarf an finanzpolitischen Anpassungsmechanismen, in: Hamburger Jahrbuch für Wirtschafts- und Gesellschaftspolitik, Vol. 44 (1999), S. 201 – 234.

Bergman, U. Michael und Michael M. Hutchinson, The Costs of EMU and Economic Convergence, in: Hughes Hallet, Andrew, Michael M. Hutchinson und Svend E. Hougaard Jensen (Hg.), Fiscal Aspects of European Integration, Cambridge 1999, S. 263 – 287.

Blanchard, Olivier J. und Nobuhiro Kiyotaki, Monopolisitc Competition and the Effects of Aggregate Demand, in: American Economic Review, Vol. 77 (1987), S. 647 – 666.

Bofinger, Peter, The Stability and Growth Pact Neglects the Policy Mix between Fiscal and Monetary Policy, in: Intereconomics, Vol. 38 (2003), S. 4 – 7.

Brock, William A. und Stephen J. Turnovsky, Time Consistency and Optimal Government Policies in Perfect Foresight Equilibrium, in: Journal of Public Economics, Vol. 13 (1980), S. 183 – 212.

Bryson, Jay H., Fiscal Policy Coordination and Flexibility Under European Monetary Union: Implications for Macroeconomic Stabilization, in: Journal of Policy Modeling, Vol. 16 (1994), S. 541 – 557.

Buchanan, James M. und Richard E. Wagner, Democracy in Deficit. The Political Legacy of Lord Keynes, New York et al. 1977.

Buiter, Willem A., Saddlepoint Problems in Continuous Time Rational Expectations Models: A General Method and some Macroeconomic Examples, in: Econometrica, Vol. 52 (1984), S. 665 – 680.

Buiter, Willem, Giancarlo Corsetti und Nouriel Roubini, Excessive Deficits: Sense and Nonsense in the Treaty of Maastricht, in: Economic Policy, Vol. 16 (1993), S. 59 – 90.

Buti, Marco, Daniele Franco und Hedwig Ongena, Fiscal Discipline and Flexibility in EMU: The Implementation of the Stability and Growth Pact, in: Oxford Review of Economic Policy, Vol. 14 (1998), S. 81 – 97.

Buti, Marco, Werner Roeger und Jan in't Veld, Stabilizing Output and Inflation in EMU: Policy Conflicts and Co-operation under the Stability Pact, in: Journal of Common Market Studies, Vol. 38 (2001), S. 801 – 828.

Buti, Marco, Sylvestre Eijffinger und Daniele Franco, Revisiting EMU's Stability Pact: A Pragmatic Way Forward, in: Oxford Review of Economic Policy, Vol. 19 (2003), S. 100 – 111.

Caesar, Rolf, Koordinierung der nationalen Finanzpolitiken in der Wirtschafts- und Währungsunion? Die haushaltspolitischen Regeln des Maastrichter Vertrages, in: Caesar, Rolf und Hans-Eckart Scharrer (Hg.), Maastricht: Königsweg oder Irrweg zur Wirtschafts- und Währungsunion? Bonn 1994, S. 236 – 268.

Caesar, Rolf, Wirtschafts- und Währungsunion und innereuropäischer Finanzausgleich, in: Caesar, Rolf und Hans-Eckart Scharrer (Hg.), Die Europäische Wirtschafts- und Währungsunion: Regionale und globale Herausforderungen, Bonn 1998, S. 124 – 146.

Calmfors, Lars, Macroeconomic Policy, Wage Setting, and Employment – What Difference Does the EMU Make? In: Oxford Review of Economic Policy, Vol. 14 (1998), S. 125 – 151.

Canzoneri, Matthew B. und Jo Anna Gray, Monetary Policy Games and the Consequences of Non Cooperative Behavior, in: International Economic Review, Vol. 26 (1985), S. 547 – 564.

Canzoneri, Matthew B. und Dale W. Henderson, Monetary Policy in Interdependent Economies. A Game-Theoretic Approach, Cambridge und London 1991.

Chiang, Alpha C., Fundamental Methods of Mathematical Economics, Auckland et al. ³1984.

Chiang, Alpha C., Elements of Dynamic Optimization, New York et al. 1992.

Clarida, Richard, Jordi Galí und Mark Gertler, The Science of Monetary Policy: A New Keynesian Perspective, in: Journal of Economic Literature, Vol. 37 (1999), S. 1661 – 1707.

Clausen, Volker, Problems in the Transition to European Monetary Union, in: Kredit und Kapital, Vol. 31 (1998), S. 471 – 493.

Clausen, Volker, Unterschiedliche makroökonomische Strukturen, wirtschaftliche Integration und einheitliche Geldpolitik in Europa, in: Jahrbücher für Nationalökonomie und Statistik, Vol. 222 (2002), S. 1 – 21.

Coenen, Günter, Eine Einführung in die Analyse linear sattelpunktstabiler Systeme. Arbeiten aus dem Institut für Statistik und Ökonometrie der Christian-Albrechts-Universität Kiel, Nr. 66/1993.

Committee for the Study of Economic and Monetary Union, Report on Economic and Monetary Union (Delors-Report), Luxemburg 1989.

Cooper, Richard N., Macroeconomic Policy Adjustment in Interdependent Economies, in: The Quarterly Journal of Economics, Vol. 83 (1969), S. 1 – 24.

Cooper, Richard N., Economic Interdependence and Coordination of Economic Policies, in: Jones, Ronald W. und Peter B. Kenen, Handbook of International Economics, Vol. II, Amsterdam et al. 1985, S. 1196 – 1234.

Corsetti, Giancarlo und Nouriel Roubini, The Design of Optimal Fiscal Rules for Europe after 1992, in: Torres, Francisco und Francesco Giavazzi (Hg.), Adjustment and Growth in the European Monetary Union, Cambridge 1993, S. 46 – 82.

Corsetti, Giancarlo und Nouriel Roubini, Political Biases in Fiscal Policy: Reconsidering the Case for the Maastricht Fiscal Criteria, in: Eichengreen, Barry, Jeffrey Frieden und Jürgen von Hagen (Hg.), Monetary and Fiscal Policy in an Integrated Europe, Berlin et al. 1995, S. 118 – 133.

Cukierman, Alex, Central Bank Strategy, Credibility, and Independence: Theory and Evidence, Cambridge und London 1992.

Currie, David und Paul Levine, Macroeconomic Policy Design in an Interdependent World, in: Buiter, Willem H. und Richard C. Marston (Hg.), International Policy Coordination, Cambridge et al. 1984, S. 228 – 268.

De Grauwe, Paul, Fiscal Policies in the EMS – A Strategic Analysis, in: Claasen, Emil-Maria (Hg.), International and European Monetary Systems, New York et al. 1990, S. 121 – 144.

De Grauwe, Paul und Wim Vanhaverbeke, Is Europe an Optimal Currency Area? Evidence from Regional Data, in: Masson, Paul R. und Mark P. Taylor (Hg.), Policy Issues in the Operation of Currency Unions, Cambridge 1993, S. 111 – 129.

De Grauwe, Paul, International Money. Postwar Trends and Theories, Oxford et al. ^{2}1996.

De Grauwe, Paul, Economics of Monetary Union, Oxford ^{4}2000.

Dixit, Avinash, Games of Monetary and Fiscal Interactions in the EMU, in: European Economic Review, Vol. 45 (2001), S. 589 – 613.

Dixit, Avinash und Luisa Lambertini, Market Mechanisms for Policy Coordination: Tools for the EU. Monetary – Fiscal Policy Interactions and Commitment versus Discretion in a Monetary Union, in: European Economic Review, Vol. 45 (2001), S. 997 – 987.

Dockner, Engelbert und Reinhard Neck, Cooperative and Non-Cooperative Solutions for a Linear-Quadratic Differential Game Model of Stabilization Policies, in: Bensoussan, Alain und Jacques Louis Lions (Hg.), Analysis and Optimization of Systems, Berlin 1985, S. 807 – 818.

Dornbusch, Rüdiger, Fiscal Aspects of Monetary Integration, in: American Economic Review, Vol. 82 (1997), S. 221 – 223.

Dornbusch, Rüdiger, Carlo Favero und Francesco Giavazzi, Immediate Challenges for the European Central Bank, in: Begg, David, Jürgen von Hagen, Charles A. Wyplosz und Klaus F. Zimmermann (Hg.), EMU: Prospects and Challenges for the Euro, Bonn 1998, S. 17 – 64.

Eichengreen, Barry, One Money for Europe? Lessons from the US Currency Union, in: Economic Policy, Vol. 10 (1990), S. 118 – 187.

Eichengreen, Barry und Charles A. Wyplosz, The Stability Pact: More than a Minor Nuisance? In: Begg, David, Jürgen von Hagen, Charles A. Wyplosz und Klaus F. Zimmermann (Hg.), EMU: Prospects and Challenges for the Euro, Bonn 1998, S. 67 – 113.

Eichengreen, Barry, What to Do with the Stability Pact, in: Intereconomics, Vol. 38 (2003), S. 7 – 10.

Eijffinger, Sylvestre C. W. und Jakob de Haan, European Monetary and Fiscal Policy, Oxford 2000.

Eijffinger, Sylvestre C. W., How Can the Stability and Growth Pact Be Improved to Achieve both Stronger Discipline and Higher Flexibility? In: Intereconomics, Vol. 38 (2003), S. 10 – 18.

Entschließung des Europäischen Rates über den Stabilitäts- und Wachstumspakt, Amsterdam, 17.06.1997, Amtsblatt Nr. C 236 vom 02.08.1997.

Europäische Kommission (Hg.), Stabiles Geld – solide Finanzen, in: European Economy, Vol. 53 (1993).

Europäische Zentralbank, Monatsbericht Oktober 2002.

Fatás, Antonio, Does EMU Need a Fiscal Federation? In: Begg, David, Jürgen von Hagen, Charles A. Wyplosz und Klaus F. Zimmermann (Hg.), EMU: Prospects and Challenges for the Euro, Bonn 1998, S. 163 – 203.

Fatás, Antonio und Ilian Mihov, On Constraining Fiscal Policy Discretion in EMU, in: Oxford Review of Economic Policy, Vol. 19 (2003), S. 112 – 131.

Feuerstein, Switgard und Jürgen Siebke, Wechselkursunion und Stabilitätspolitik, in: Zeitschrift für Wirtschafts- und Sozialwissenschaften, Vol. 110 (1990), S. 359 – 379.

Fleming, J. Marcus, Domestic Financial Policies under Fixed and under Floating Exchange Rates, in: International Monetary Fund Staff Papers, Vol. 9 (1962), S. 369 – 379, erneut abgedruckt in: Cooper, Richard N. (Hg.), International Finance. Selected Readings, Harmondsworth et al. 1969, S. 291 – 303.

Frankel, Jeffrey A. und Andrew K. Rose, The Endogeneity of the Optimum Currency Area Criteria, in: The Economic Journal, Vol. 108 (1998), S. 1009 – 1025.

Fratianni, Michele und Jürgen von Hagen, The European Monetary System and European Monetary Union, Boulder et al. 1992.

Gandolfo, Giancarlo, Economic Dynamics: Methods and Models (= Bliss, Christopher J. und Michael D. Intriligator (Hg.), Advanced Textbooks in Economics, Vol. 16), Amsterdam et al. ²1980.

Gatti, Donatella und Christa van Wijnbergen, Co-ordinating Fiscal Authorities in the Euro-Zone: A Key Role for the ECB, in: Oxford Economic Papers, Vol. 54 (2002), S. 56 – 71.

Goodhart, Charles A. E., Game Theory for Central Bankers – A Report to the Governor of the Bank of England, in: Journal of Economic Literature, Vol. 32 (1994), S. 101 – 114.

Gros, Daniel und Niels Thygesen, European Monetary Integration, Harlow et al. ²1998.

Gros, Daniel und Carsten Hefeker, One Size Must Fit All. National Divergences in a Monetary Union, CESifo Working Paper Nr. 326 (2000).

Hamada, Koichi, A Strategic Analysis of Monetary Interdependence, in: Journal of Political Economy, Vol. 84 (1976), S. 677 – 700.

Hamada, Koichi, Macroeconomic Strategy and Coordination under Alternative Exchange Rates, in: Dornbusch, Rüdiger und Jacob A. Frenkel (Hg.), International Economic Policy. Theory and Evidence, Baltimore und London 1979, S. 292 – 324.

Harsanyi, John C. und Reinhard Selten, A General Theory of Equilibrium Selection in Games, Cambridge und London ²1992.

Holler, Manfred J. und Gerhard Illing, Einführung in die Spieltheorie, Berlin et al. ³1996.

Hughes Hallett, Andrew J. und David Vines, On the Possible Costs of the European Monetary Union, in: The Manchester School, Vol. 61 (1993), S. 35 – 64.

Illing, Gerhard, Theorie der Geldpolitik. Eine spieltheoretische Einführung, Berlin et al.1997.

Ingram, James C., The Case for European Monetary Integration, Essays in International Finance Nr. 98, Princeton 1973.

Intriligator, Michael D., Mathematical Optimization and Economic Theory, Englewood Cliffs 1971.

Jarchow, Hans-Joachim und Peter Rühmann, Monetäre Außenwirtschaft. Internationale Währungspolitik (Bd. II), Göttingen ⁴1997.

Kamien, Morton I. und Nancy L. Schwartz, Dynamic Optimization. The Calculus of Variations and Optimal Control in Economics and Management (= Bliss, Christopher J. und Michael D. Intriligator (Hg.), Advanced Textbooks in Economics, Vol. 31), Amsterdam et al. ²1991.

Kenen, Peter B., The Theory of Optimum Currency Areas: An Eclectic View, in: Mundell, Robert A. und Alexander K. Swoboda, (Hg.), Monetary Problems of the International Economy, Chicago und London 1969, S. 41 – 60.

Kenen, Peter B., Economic and Monetary Union in Europe. Moving Beyond Maastricht, Cambridge 1995.

Kletzer, Kenneth und Jürgen von Hagen, Monetary Union and Fiscal Federalism, in: Wyplosz, Charles A. (Hg.), The Impact of EMU on Europe and the Developing Countries, Oxford 2001, S. 17 – 39.

Klüver, Anja und Gerhard Rübel, Industrielle Konzentration als Kriterium für die Geeignetheit eines einheitlichen Währungsraums. Eine empirische Untersuchung der Europäischen Union von 1972 bis 1996, in: Jahrbücher für Nationalökonomie und Statistik, Vol. 221/1 (2001), S. 68 – 86.

Kommission der Europäischen Gemeinschaften, Generaldirektion Wirtschaft und Finanzen, Ein Markt – Eine Währung. Potentielle Nutzen und Kosten der Errichtung einer Wirtschafts- und Währungsunion – eine Bewertung, in: Europäische Wirtschaft, Vol. 44 (1990).

Krägenau, Henry und Wolfgang Wetter, Europäische Wirtschafts- und Währungsunion. Vom Werner-Plan zum Vertrag von Maastricht. Analysen und Dokumentation, Baden-Baden 1993.

Krugman, Paul, Increasing Returns and Economic Geography, in: Journal of Political Economy, Vol. 99 (1991), S. 483 – 499.

Krugman, Paul, Lessons of Massachusetts for EMU, in: Torres, Francisco und Francesco Giavazzi (Hg.), Adjustment and Growth in the European Monetary Union, Cambridge 1993, S. 241 – 261.

Kydland, Finn E. und Edward C. Prescott, Rules Rather than Discretion: The Inconsistency of Optimal Plans, in: Journal of Political Economy, Vol. 85 (1977), S. 473 – 491.

Landmann, Oliver, Relevanz von Schocks in der Europäischen Union – empirischer Befund, in: Mayer, Otto G. und Hans-Eckart Scharrer (Hg.), Schocks und Schockverarbeitung in der Europäischen Währungsunion, Baden-Baden 1997, S. 115 – 123.

Landmann, Oliver und Jürgen Jerger, Beschäftigungstheorie, Berlin et al 1999.

Lane, Timothy D. und Daniel Gros, Symmetry versus Asymmetry in a Fixed Exchange Rate System, in: Kredit und Kapital, Vol. 27 (1994), S. 43 – 66.

Le Monde, Interview mit Romano Prodi, Präsident der Europäischen Kommission, 17.10.2002.

Levin, Jay H., A Model of Stabilization Policy in a Jointly Floating Currency Area, in: Bhandari, Jagdeep S. und Bluford H. Putnam (Hg.), Economic Interdependence and Flexible Exchange Rates, Cambridge und London 1983, S. 329 – 349.

Levine, Paul und David Currie, Does International Macroeconomic Policy Coordination Pay and Is It Sustainable?: A Two Country Analysis, in: Oxford Economic Papers, Vol. 39 (1987), S. 38 – 74.

Luce, R. Duncan und Howard Raiffa, Games and Decisions. Introduction and Critical Survey, New York et al. 1957.

Mankiw, N. Gregory, Small Menu Costs and Large Business Cycles: A Macroeconomic Model of Monopoly, in: Quarterly Journal of Economics, Vol. 100 (1985), S. 529 – 539.

Mankiw, N. Gregory, Makroökonomik, Stuttgart [3]1998.

Marston, Richard C., Stabilization Policies in Open Economies, in: Jones, Ronald W. und Peter B. Kenen, Handbook of International Economics, Vol. II, Amsterdam et al. 1985, S. 860 – 916.

McKinnon, Robert, Optimum Currency Areas, in: American Economic Review, Vol. 53 (1963), S. 717 – 725.

Mélitz, Jacques, Some Cross-Country Evidence about Fiscal Policy Behaviour and the Consequences for EMU, in: European Economy, Vol. 2 (2000), S. 3 –21.

Miller, Marcus und Marc Salmon, Policy Coordination and Dynamic Games, in: Buiter, Willem H. und Richard C. Marston (Hg.), International Policy Coordination, Cambridge et al. 1984, S. 184 – 213.

Mundell, Robert A., A Theory of Optimum Currency Areas, in: American Economic Review, Vol. 51 (1961), S. 657 – 665.

Mundell, Robert A., Capital Mobility and Stabilization Policy under Fixed and Flexible Exchange Rates, in: Canadian Journal of Economics and Political Science, Vol. 39 (1963), S. 475 – 485.

Mussa, Michael, Macroeconomic Interdependence and the Exchange Rate Regime, in: Dornbusch, Rüdiger und Jacob A. Frenkel (Hg.), International Economic Policy. Theory and Evidence, Baltimore und London 1979, S. 160 – 204.

Muth, John F., Rational Expectations and the Theory of Price Movements, in: Econometrica, Vol. 29 (1961), S. 315 – 335.

Neck, Reinhard, A Differential Game Model of Fiscal and Monetary Policies: Conflict and Cooperation, in: Feichtinger, Gustav (Hg.), Optimal Control Theory and Economic Analysis, Amsterdam 1985, S. 607 – 632.

Nolan, Charles, Monetary Stabilization Policy in a Monetary Union: Some Simple Analytics, in: Scottish Journal of Political Economy, Vol. 49 (2002), S. 196 – 215.

Obstfeld, Maurice und Giovanni Peri, Regional Non-Adjustment and Fiscal Policy, in: Begg, David, Jürgen von Hagen, Charles A. Wyplosz und Klaus F. Zimmermann (Hg.), EMU: Prospects and Challenges for the Euro, Bonn 1998, S. 207 – 259.

Ordeshook, Peter, Game Theory and Political Theory. An Introduction, Cambridge et al. 1986

Oudiz, Gilles und Jeffrey Sachs, International Policy Coordination in Dynamic Macroeconomic Models, in: Buiter, Willem H. und Richard C. Marston (Hg.), International Policy Coordination, Cambridge et al. 1984, S. 274 – 319.

Rawls, John, Eine Theorie der Gerechtigkeit, Frankfurt a. M. [9]1976.

Rogoff, Kenneth, The Optimal Degree of Commitment to an Intermediate Monetary Target, in: Quarterly Journal of Economics, Vol. 100 (1985), S. 1169 – 1189.

Romer, David, Advanced Macroeconomics, New York et al. 1996.

Rose, Klaus und Karlhans Sauernheimer, Zur Theorie eines „Mischwechselkurssystems“, in: Feldsieper, Manfred und Richard Groß (Hg.), Wirtschaftspolitik in weltoffener Wirtschaft. Festschrift zum siebzigsten Geburtstag von Rudolf Meimberg, Berlin 1983, S. 15 – 28.

Rose, Klaus und Karlhans Sauernheimer, Theorie der Außenwirtschaft, München [13]1999.

Sachs, Jeffrey und Xavier Sala-i-Martín, Fiscal Federalism and Optimum Currency Areas: Evidence for Europe from the United States, in: Canzoneri, Matthew B., Vittorio Grilli und Paul R. Masson (Hg.), Establishing a Central Bank: Issues in Europe and Lessons from the US, Cambridge 1992, S. 195 – 219.

Samuelson, Paul A., Foundations of Economic Analysis, Cambridge [6]1961.

Scholz, Christian und Georg Ziemes, Steuerwirkungen im Cournot-Oligopol, in: Diskussionsbeiträge Institut für Volkswirtschaftslehre Universität der Bundeswehr München, 3/1995.

Sen, Amartya, Collective Choice and Social Welfare, Amsterdam 1970.

Silberberg, Eugene, The Structure of Economics. A Mathematical Analysis, New York et al. [2]1990.

Söllner, Fritz, Die Geschichte des ökonomischen Denkens, Berlin et al. 1999.

Spahn, Heinz-Peter, Die ECU-Wirtschaft. Ein Modell zu den Konsequenzen der Europäischen Währungsunion, in: Kredit und Kapital, Vol. 25 (1992), S. 469 – 490.

Spahn, Heinz-Peter, Makroökonomie. Theoretische Grundlagen und stabilitätspolitische Strategien, Berlin et al. [2]1999.

Spahn, Heinz-Peter, Dynamische Wirtschaftstheorie. Mathematische Grundlagen und ökonomische Modelle. Manuskript, Universität Hohenheim 2003.

Starr, A. W. und Y. C. Ho, Nonzero-Sum Differential Games, in: Journal of Optimization – Theory and Applications, Vol. 3 (1969), S. 185 – 206.

Svensson, Lars E. O., Inflation Forecast Targeting – Implementing and Monitoring Inflation Targets, in: European Economic Review, Vol. 41 (1997), S. 1111 – 1146.

Tavlas, George S., The „New" Theory of Optimum Currency Areas, in: World Economy, Vol. 16 (1993), S. 663 – 685.

Turnovsky, Stephen J., Macroeconomic Analysis and Stabilization Policies, Cambridge 1977.

Turnovsky, Stephen J., Tamer Basar und Vasco d'Orey, Dynamic Strategic Monetary Policies and Coordination in Interdependent Economies, in: American Economic Review, Vol. 78 (1988), S. 341 – 361.

Turnovsky, Stephen J., Methods of Macroeconomic Dynamics, Cambridge und London [2]2000.

van Aarle, Bas, Jacob C. Engwerda, Joseph E. J. Plasmans und Arie Weeren, Monetary and Fiscal Policy Design under EMU: A Dynamic Game Approach, CESifo Working Paper Nr. 262 (2000).

van Aarle, Bas, Giovanni di Bartolomeo, Jacob Engwerda und Joseph Plasmans, Monetary and Fiscal Policy Design in the EMU: An Overview, in: Open Economies Review, Vol. 13 (2002), S. 321 – 340.

Varian, Hal R., Mikroökonomie, München und Wien [3]1994.

von Hagen, Jürgen, Fiscal Arrangements in a Monetary Union: Evidence from the US, in: Fair, Donald E. und Christian de Boissieu (Hg.), Fiscal Policy Taxation and the Financial System in an Increasingly Integrated Europe, Dordrecht 1992, S. 337 – 359.

von Hagen, Jürgen und Ralph Süppel, Central Bank Constitutions for Federal Monetary Unions, in: European Economic Review, Vol. 38 (1994), S. 774 – 782.

von Hagen, Jürgen und Stefan Lutz, Fiscal and Monetary Policy on the Way to EMU, in: Open Economies Review, Vol. 7 (1996), S. 299 – 325.

von Hagen, Jürgen und Susanne Mundschenk, Fiscal and Monetary Policy Coordination in EMU, Oesterreichische Nationalbank Working Paper 70 (2002).

Wagner, Helmut, Seigniorage und Inflationsdynamik. Einige grundlegende Zusammenhänge, in: Kredit und Kapital, Vol. 23 (1992), S. 335 – 356.

Wagner, Helmut, Stabilitätspolitik. Theoretische Grundlagen und institutionelle Alternativen, München und Wien [5]1998.

Welfens, Paul J. J., Creating A European Central Bank after 1992: Issues of EC Monetary Integration and Problems of Institutional Innovation, in: ders. (Hg.), European Monetary Integration. From German Dominance to an EC Central Bank? Berlin et al. 1991, S. 1 – 47.

Welsch, Heinz, Domestic Fiscal Policy in a Monetary Union: What are the Spillovers? In: Jahrbücher für Nationalökonomie und Statistik, Vol. 220 (2000), S. 327 – 342.

Willet, Thomas D., Monetary Union, A Political Economy Analysis of the Maastricht and Stability Pact Fiscal Criteria, in: Hughes Hallet, Andrew, Michael M. Hutchinson und Svend E. Hougaard Jensen (Hg.), Fiscal Aspects of European Monetary Integration, Cambridge 1999, S. 37 – 66.

Wohlers, Eckhardt, Relevanz von Schocks in der Europäischen Union – ein empirischer Befund, in: Mayer, Otto G. und Hans-Eckart Scharrer (Hg.), Schocks und Schockverarbeitung in der Europäischen Währungsunion, Baden-Baden 1997, S. 79 – 113.

Wohltmann, Hans-Werner, Transmission nationaler Wirtschaftspolitiken in einer Wechselkursunion, in: Jahrbücher für Nationalökonomie und Statistik, Vol. 211 (1993), S. 73 – 89.

Wren-Lewis, Simon, The Limits to Discretionary Fiscal Stabilization Policy, in: Oxford Review of Economic Policy, Vol. 16 (2000), S. 92 – 105.

Wyplosz, Charles A., Monetary Union and Fiscal Policy Discipline, in: European Economy, Special Issue 1991, S. 165 – 184.

HOHENHEIMER VOLKSWIRTSCHAFTLICHE SCHRIFTEN

Band 1 Walter Deffaa: Anonymisierte Befragungen mit zufallsverschlüsselten Antworten. Die Randomized-Response-Technik (RRT). Methodische Grundlagen, Modelle und Anwendungen. 1982.

Band 2 Thomas Michael Baum: Staatsverschuldung und Stabilisierungspolitik in der Demokratie. Zur neoinstitutionalistischen Kritik der keynesianischen Fiskalpolitik. 1982.

Band 3 Klaus Schröter: Die wettbewerbspolitische Behandlung der leitungsgebundenen Energiewirtschaft. Dargestellt am Beispiel der Fernwärmewirtschaft der Bundesrepublik Deutschland. 1986.

Band 4 Hugo Mann: Theorie und Politik der Steuerreform in der Demokratie. 1987.

Band 5 Max Christoph Wewel: Intervallarithmetische Dependenzanalyse in der Ökonometrie. Ein konjekturaler Ansatz. 1987.

Band 6 Heinrich Pascher: Die U.S.-amerikanische Deregulation Policy im Luftverkehrs- und Bankenbereich. 1987.

Band 7 Harald Lob: Die Entwicklung der französischen Wettbewerbspolitik bis zur Verordnung Nr. 86-1243 vom 01. Dezember 1986. Eine exemplarische Untersuchung der Erfassung der Behinderungsstrategie auf der Grundlage des Konzepts eines wirksamen Wettbewerbs. 1988.

Band 8 Ulrich Kirschner: Die Erfassung der Nachfragemacht von Handelsunternehmen. Eine Analyse der ökonomischen Beurteilungskriterien und der wettbewerbsrechtlichen Instrumente im Bereich der Verhaltenskontrolle.1988.

Band 9 Friedhelm Herb: Marktwirtschaftliche Innovationspolitik. 1988.

Band 10 Claus Schnabel: Zur ökonomischen Analyse der Gewerkschaften in der Bundesrepublik Deutschland. Theoretische und empirische Untersuchungen von Mitgliederentwicklung, Verhalten und Einfluß auf wirtschaftliche Größen. 1989.

Band 11 Jan B. Rittaler: Industrial Concentration and the Chicago School of Antitrust Analysis. A Critical Evaluation on the Basis of Effective Competition. 1989.

Band 12 Thomas Märtz: Interessengruppen und Gruppeninteressen in der Demokratie. Zur Theorie des Rent-Seeking. 1990.

Band 13 Andreas Maurer: Statistische Verfahren zur Ermittlung von oligopolistischen Strukturen. 1990.

Band 14 Peter Mendler: Zur ökonomischen und politisch-institutionellen Analyse öffentlicher Kredithilfen. 1992.

Band 15 Heinrich J. Engelke: Die Interpretation der Rundfunkfreiheit des Grundgesetzes: Eine Analyse aus ökonomischer Sicht. 1992.

Band 16 Thomas Fischer: Staat, Recht und Verfassung im Denken von Walter Eucken. Zu den staats- und rechtstheoretischen Grundlagen einer wirtschaftsordnungspolitischen Konzeption. 1993.

Band 17 Stefan Elßer: Innovationswettbewerb. Determinanten und Unternehmensverhalten. 1993.

Band 18 Reinhard Scharff: Regionalpolitik und regionale Entwicklungspotentiale. Eine kritische Analyse. 1993.

Band 19 Karin Beckmann: Probleme der Regionalpolitik im Zuge der Vollendung des Europäischen Binnenmarktes. Eine ökonomische Analyse. 1995.

Band 20 Bernd Nolte: Engpaßfaktoren der Innovation und Innovationsinfrastruktur. Eine theoretische und empirische Analyse für ländliche Wirtschaftsräume in Baden-Württemberg. 1996.

Band 21 Klaus-Rainer Brintzinger: Die Nationalökonomie an den Universitäten Freiburg, Heidelberg und Tübingen 1918 - 1945. Eine institutionenhistorische, vergleichende Studie der wirtschaftswissenschaftlichen Fakultäten und Abteilungen südwestdeutscher Universitäten. 1996.

Band 22 Steffen Binder: Die Idee der Konsumentensouveränität in der Wettbewerbstheorie. Teleokratische vs. nomokratische Auffassung. 1996.

Band 23 Alexander Burger: Deregulierungspotentiale in der Gesetzlichen Rentenversicherung. Reformnotwendigkeiten versus Reformmöglichkeiten. 1996.

Band 24 Burkhard Scherer: Regionale Entwicklungspolitik. Konzeption einer dezentralisierten und integrierten Regionalpolitik. 1997.

Band 25 Frauke Wolf: Lorenzkurvendisparität. Neuere Entwicklungen, Erweiterungen und Anwendungen. 1997.

Band 26 Hans Pitlik: Politische Ökonomie des Föderalismus. Föderative Kompetenzverteilung im Lichte der konstitutionellen Ökonomik. 1997.

Band 27 Stephan Seiter: Der Beitrag Nicholas Kaldors zur Neuen Wachstumstheorie. Eine vergleichende Studie vor dem Hintergrund der Debatte über den Verdoorn-Zusammenhang. 1997.

Band 28 André Schmidt: Ordnungspolitische Perspektiven der europäischen Integration im Spannungsfeld von Wettbewerbs- und Industriepolitik. 1998.

Band 29 Bernd Blessin: Innovations- und Umweltmanagement in kleinen und mittleren Unternehmen. Eine theoretische und empirische Analyse. 1998.

Band 30 Oliver Letzgus: Die Ökonomie internationalen Umweltschutzes. 1999.

Band 31 Claudia Hafner: Systemwettbewerb versus Harmonisierung in Europa. Am Beispiel des Arbeitsmarktes. 1999.

Band 32 Jürgen Kulle: Ökonomie der Musikindustrie. Eine Analyse der körperlichen und unkörperlichen Musikverwertung mit Hilfe von Tonträgern und Netzen. 1998.

Band 33 Michael Ganske: Intertemporale Aspekte von Staatsverschuldung und Außenhandel. 1999.

Band 34 Margit Ströbele: Die Deregulierungswirkungen der europäischen Integration. Das Beispiel der Sondermärkte. 1999.

Band 35 Marion Benesch: Devisenmarktinterventionen in Theorie und Praxis. Eine umfassende Analyse ihrer Zielsetzungen, Wirkungsweisen und wirtschaftspolitischen Bedeutung. 1999.

Band 36 Torsten Gruber: Unterschiedliche geldpolitische Transmissionsmechanismen und Stabilitätskulturen als mögliche Ursachen geldpolitischer Spannungen in der Europäischen Währungsunion. 2000.

Band 37 Bertram Melzig-Thiel: Arbeit in der Informationsgesellschaft. Chancen und Risiken neuer Informations- und Kommunikationstechnologien für die Beschäftigung. 2000.

Band 38 Annette Fritz: Die Entsorgungswirtschaft im Spannungsfeld zwischen Abfallpolitik und Kartellrecht. Eine industrieökonomische Branchenstudie. 2001.

Band 39 Harald Strotmann: Arbeitsplatzdynamik in der baden-württembergischen Industrie. Eine Analyse mit amtlichen Betriebspaneldaten. 2002

Band 40 Dietrich Benner: Qualitätsungewißheit bei Gütern mit Vertrauenseigenschaften. Entwicklung und Anwendung eines entscheidungstheoretisch fundierten Analyserahmens. 2002.

Band 41 Jürgen M. Schechler: Sozialkapital und Netzwerkökonomik. 2002.

Band 42 Kay-Uwe May: Haushaltskonsolidierung durch Ausgabekürzungen. Restriktionen und Strategien. 2002.

Band 43 Peter Kühnl: Der Wechselkurs als Zwischenziel der Geldpolitik im Aufholprozess. Die monetärkeynesianische Entwicklungsstrategie der Berliner Schule vor dem Hintergrund der makroökonomischen Entwicklung ausgewählter Länder Mittel- und Osteuropas. 2003.

Band 44 Steffen Wirth: Nichtparametrische Analyse von Bildungsertragsraten. Neuere Entwicklungen und Anwendungen. 2003.

Band 45 Bernhard Holwegler: Innovation, Diffusion und Beschäftigung. Die ökonomische Theorie der Technologiediffusion und ihr Beitrag zur Erklärung technologischer Arbeitslosigkeit. 2003.

Band 46 Guntram R. M. Hepperle: Zukunftsorientierte Industriepolitik. Möglichkeiten und Grenzen. 2004.

Band 47 Udo Vullhorst: Stabilisierungspolitik bei supranationaler Geldpolitik und nationaler Fiskalpolitik. Eine spieltheoretische Betrachung. 2004.

Band 48 Matthias Rösch: Die Bedeutung von Investivlöhnen und Gewinnbeteiligungen für Einkommensverteilung und Beschäftigung. 2004.

www.peterlang.de

Peter Lang · Europäischer Verlag der Wissenschaften

Henning Vöpel

Stabilisierungswirkungen der Geldpolitik

Eine theoretische und empirische Analyse

Frankfurt am Main, Berlin, Bern, Bruxelles, New York, Oxford, Wien, 2004.
139 S., 15 Tab.,12 Graf.
Europäische Hochschulschriften: Reihe 5, Volks- und Betriebswirtschaft.
Bd. 3063
ISBN 3-631-52572-9 · br. € 27.50*

Diese Arbeit untersucht die Stabilisierungswirkungen der Geldpolitik. In einem vom Verfasser um den monetären Sektor erweiterten Growth-Cycle-Modell wird theoretisch gezeigt, unter welchen Bedingungen Geldpolitik stabilisierend auf konjunkturelle Schwankungen von Produktion und Beschäftigung wirkt. Anschließend wird für die USA, Deutschland und Großbritannien anhand von vektor-autoregressiven Modellen untersucht, ob geldpolitische Stabilisierungswirkungen in diesen Ländern empirisch nachweisbar sind. Die Ergebnisse zeigen im Gegensatz zu neueren Thesen der Ineffektivität von Geldpolitik deren stabilisierungspolitische Wirksamkeit.

Aus dem Inhalt: Wachstumszyklen · Geldpolitische Zinsregeln · Stabilisierungswirkungen · VAR-Analyse

Frankfurt am Main · Berlin · Bern · Bruxelles · New York · Oxford · Wien
Auslieferung: Verlag Peter Lang AG
Moosstr. 1, CH-2542 Pieterlen
Telefax 00 41 (0) 32 / 376 17 27

*inklusive der in Deutschland gültigen Mehrwertsteuer
Preisänderungen vorbehalten

Homepage http://www.peterlang.de

FSC
www.fsc.org
MIX
Papier | Fördert gute Waldnutzung
FSC® C083411

Kolibri 360 GmbH
Ferdinand-Jühlke-Straße 7
99095 Erfurt, Deutschland
produktsicherheit@kolibri360.de

Druck:
CPI Druckdienstleistungen GmbH
im Auftrag der
Kolibri 360 GmbH
Ferdinand-Jühlke-Str. 7
99095 Erfurt